DIANLI YINGXIAO FUWU GUIFAN PEIXUN JIAOCAI

电力营销服务规范
培训教材

崔昊杨　张林茂　主编

中国电力出版社
CHINA ELECTRIC POWER PRESS

内 容 提 要

本书从电力营销业务实际出发，结合实际案例进行分析，涵盖了客户、市场、计量、电费等电力营销业务的四大专业。本书共分四章，包括客户业务模式与发展、用户侧用电管理及综合能源服务、计量精益化管理及现场服务规范、电费政策与交易市场化趋势。

本书适合从事电力营销服务相关工作的人员阅读使用。

图书在版编目（CIP）数据

电力营销服务规范培训教材/崔昊杨，张林茂主编. —北京：中国电力出版社，2023.3
ISBN 978-7-5198-7261-8

Ⅰ．①电…　Ⅱ．①崔…　②张…　Ⅲ．①电力工业－市场营销－营销服务－规范－中国－职业培训－教材　Ⅳ．①F426.61

中国版本图书馆 CIP 数据核字（2022）第 220776 号

出版发行：中国电力出版社
地　　址：北京市东城区北京站西街 19 号（邮政编码 100005）
网　　址：http://www.cepp.sgcc.com.cn
责任编辑：赵鸣志（010-63412385）
责任校对：黄　蓓　于　维
装帧设计：郝晓燕
责任印制：吴　迪

印　　刷：三河市万龙印装有限公司
版　　次：2023 年 3 月第一版
印　　次：2023 年 3 月北京第一次印刷
开　　本：787 毫米×1092 毫米　16 开本
印　　张：11.25
字　　数：212 千字
印　　数：0001—1000 册
定　　价：58.00 元

《电力营销服务规范培训教材》
编写委员会

前　言

电力营销工作是电力公司对接上游发电企业与下游用电客户的重要承接部分。在国内新型电力系统日益完备与电力市场改革持续推动的外部大背景下，电力营销工作作为电力公司直接面向市场的第一道阵地，需要在传统生产导向的工作惯性下实现自身变革，逐步树立以市场需求为导向的营销理念，从而进一步发挥电力企业作为社会构成中能源环节基石的作用，为国家需要与社会发展提供更为有力的能源支持。

为适应电力市场变革与外部条件需求变化，上海电力大学联合国网江苏省电力有限公司盐城供电分公司，结合电力公司营销业务的特点，以电力营销主要专业为基石，主要借鉴国网江苏省电力有限公司的实践，总结教学经验、理论指导与工作实践的情况等，编成本书。通过对规程、规范的要点说明与解析，对实际案例开展具体分析，可使读者对目前的电力营销工作建立起综合性的认识。

本书紧密围绕电力营销业务展开，共分四章，主要涵盖业务范畴内的客户、市场、计量及电费四大专业，内容主要适用于国网江苏省电力有限公司服务范围。

第一章"客户业务模式与发展"，针对客户服务专业的实际工作要求进行解析，主要对从业人员、用电客户及两者间的关联进行说明，同时通过实际发生的案例进行佐证；在既有业务的基础上，详细介绍新型电力市场环境下的客户专业服务发展趋势与方向。

第二章"用户侧用电管理及综合能源服务"，基于市场专业的业扩报装与用电检查两个主要工作内容开展分析，并对两类业务进行相应的案例说明；以市场专业传统工作业务为基础，针对新能源发展形势下的市场专业业务扩展进行合理介绍。

第三章"计量精益化管理及现场服务规范"，以计量专业设备与工作方案为切入点，针对用户信息的采集与处理进行介绍与说明，对设备故障与人为异常进行典型案例解析；针对新型电力系统建设对计量专业与业务的影响进行客观论述。

第四章"电费政策与交易市场化趋势"，以电费为说明基石，针对具体电能交易、电价策略、电费策略进行常规业务说明；基于电力系统新业态背景，对电力营销业务变化与延伸开展论述。

在本书编辑过程中，作者参考了大量文献资料，在此一并致谢。因编者水平有限，书中不妥与疏漏之处在所难免，敬请广大读者批评指正。

编　者

2022 年 8 月

目 录

前言

第一章 客户业务模式与发展

服务是电力行业永恒的主题,是联系客户与电力企业最直接的纽带。在电力行业不断优化和变革的今天,客户服务必将逐步参与市场竞争。有质量的服务工作,有助于提升企业外部形象,提升社会影响力,进而提升企业的市场竞争力。

第一节 服 务 理 念

服务理念是为客户提供服务过程中所应遵守的基本价值准则。树立正确的服务理念,可以让工作人员以正面的心态面对客户,更高效、高质量地帮助客户排忧解难。本节将解读客户服务中的几个关键词,从客观的角度理解其本质。

一、客户满意

(一)客户满意的本质

客户满意是客户对产品或服务的感受与其心中期望值进行比较后,产生的失望或愉悦的感受状态,是客户的主观思考。因此,客户满意的提升必须从客户立场出发,思考服务方式的改进和提升。

(二)客户服务 ≠ 客户满意

客户服务:从服务人员自身角度出发,关注的是所提供的服务本身是否规范,有无违反企业及各相关部门的规定。

客户满意:站在客户角度,关注的是客户感受,客户的问题是否解决,客户是否感受到自己被关注、被重视,事情处理快慢及手续是否方便快捷等。

很显然,两者的出发点是不一样的,是两个完全不同的概念。改善客户服务可以提升客户满意度,而改善的方式应该从客户满意的视角出发。

二、客户投诉

服务和投诉是命运共存体,有服务的地方必然会存在投诉,正如人无完人,服务也不可能完美无缺,永远都有提升的空间,而客户投诉是企业了解当前阶段矛盾最尖锐处的重要渠道。客户投诉若能被正确对待和处理，其将成为企业非常有价值的资源。

客户投诉的原因往往五花八门，但其中可能隐藏着容易忽视又非常有价值的信息，并帮助企业在工作流程、服务规范、人员配置等诸多方面进行完善。电力企业的客户投诉通常有如下原因：电能质量不好，电价增长，服务人员业务不熟练，对客户的承诺没有兑现，客户对办事效率、服务态度不满，客户的不满情绪得不到宣泄，客户的期望未得到满足等。

归根到底，客户投诉的原因可以归纳为两种：结果不满和过程不满。对结果不满，指客户认为电能产品或服务没有达到他们预期的目的，未产生预计的利益和价值，例如电压不稳定、经常停电、抄表的度数不对等，其关键特征是客户没有安全用电，放心用电。对过程不满，指客户在接受电能产品和服务的过程中存在不满，例如因服务人员形象不佳、言行无礼、现场施工有安全隐患、办理用电手续繁琐、客服电话无人接听或很久才接听等导致的不满，其关键特征是最终的结果虽然符合要求，但客户在接受服务的过程中感觉受到了精神上的伤害。

据一项调查表明：在所有对服务不满意的客户中，只有 5%的客户会向服务行风或质量管理部门正式投诉。因此，善于根据顾客的抱怨或投诉不断改善工作，才能体现其提升企业整体实力的根本价值。

三、主动服务

随着人民生活水平日益提升，满足客户的基本用电需求已不再是对服务品质的评价依据，社会也逐渐向服务型社会转型，因此供电企业必须有更加超前的服务意识，得体、周到，不断增强主观能动性，才可能在大环境中成长并脱颖而出。

供电企业已经开始注意到，区别于被动服务，主动服务才是优质服务的根本，应想客户之所想，急客户之所急，提前预测客户的需求和可能遇到的问题，适当制造惊喜，带给客户贴心的服务体验，如提前规划，从"客户等电网"转变为"电网等客户"。除了大方向上的主动服务，要想建立企业良好的服务口碑，还需要一代代电力人脚踏实地地挖掘更多、更广的服务可能，根据实际情况，定期开展思考，如当前服务还有哪些是被动型服务、客户有哪些需求、如何逐渐转变成主动型服务等，长此以往，必定可以逐步提升服务质量，从而提升客户满意度。

主动，是一种态度，代表着一种创造力。主动地思考、积极地行动，都会让人在接触事物的同时扩大主观的认知视野。所谓举一反三、触类旁通、顺藤摸瓜，其实都是主动思维的另类诠释或证明。主动的人能接触到更多的信息与资源，从而对处事的灵活性、多样性、成功性都大有裨益。同时，主动的思维会带来积极的行动，行为上的主动会引起良好的外界反馈，从而进一步刺激大脑神经细胞，产生更积极的思考，更大程度地促进人的潜能开发。这样的一种良性循环，能让人在处理好事情的同时，最大程度地发挥自身价值，并体会到安全感、价值感、幸福感。

四、关注细节

"蝴蝶效应"在经济生活中比比皆是，同样也会反应在电力服务过程中。有时客户关注的不是整个服务流程，而是服务人员某个瞬间的表现，也许稍有不慎，就会影响服务人员在客户心目当中的印象，甚至影响整个供电企业的形象。因此，关注细节往往是提升工作效率和质量的最有效途径。

五、有效沟通

有效沟通是指成功把某一信息传递给沟通对象，沟通对象做出预期回应的全过程。有效沟通的关键在于共情、愿意分享权力，并使用恰当的沟通礼仪，如有意识地努力传递清晰、直接的信息；认真倾听；即使出现争执仍保持礼貌和克制等。在供电服务过程中做到有效沟通，不但可以减少矛盾的发生，还有助于树立企业积极正面的形象。

有效沟通的技巧包括：①给予沟通优先地位，即当事情不知如何继续时，及时沟通，找到新的突破口；②建立并保持眼神接触，即真诚、不胆怯，增加沟通带来的信任感；③询问开放式问题，即话题留白，建立正向可持续沟通；④使用回应性倾听，即善于倾听并给予正面回应，有利于弱化矛盾；⑤沟通集中在核心问题本身，并制订解决措施；⑥保持言语信息与非言语信息的一致性。

六、依法服务

随着供电服务监管体系逐步完善，供电服务跨入依法服务新阶段。"依法服务"是法治社会发展的必然趋势。法律法规是办事的底线和基本准则，不能因为一切都从服务出发而放松了制约和管理，任何时候都应提倡和重视依法办事、守住底线。

（一）依法服务现状

依法服务的现状是监管力度在不断加强和规范，用户的维权意识在不断上升，而供电企业自身法治观念仍有待加强，有一定法律意识，但缺乏有效依法服务措施。

（二）提升依法服务的措施

（1）推进依法治企，增加供用电法律专题研究。

（2）完善常态服务机制，借助法律力量管理服务规范，从多专业多角度统筹思考依法服务的要点，避免出现各部门工作要求不统一、矛盾问题突出等情况，有效提升供电服务水平。

（3）加强一线员工法制宣传，提高职工法律素质，切实贯彻依法服务，并维护公司合法权益。

第二节　客户心理应对

一、客户性格分类及应对

按照行事节奏和社交能力分类，人的性格特征和行为方式通常可以分为老虎型、孔雀型、树懒型和猫头鹰型四种类型。这四种类型性格特征的电力客户往往会有怎样的表现？电力企业员工又该如何与不同性格类型的客户打交道？

（一）老虎型

老虎型性格特征表现如图 1-1 所示。与老虎型性格的客户交流时要直入主题，开场白尽可能短，讲话的速度应稍快些，以显示出尊重他的时间。如果是电话服务，可快速准确记录其需求，告知客户稍后答复，争取做好充分的准备，不浪费客户的时间，避免因不能很好地应答，降低客户满意程度。还可以给客户提供更多的选择，让客户自行做出决定。

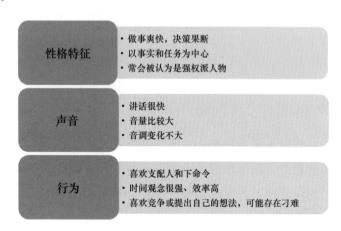

图 1-1　老虎型性格特征表现

（二）孔雀型

孔雀型性格特征表现如图 1-2 所示。孔雀型性格的客户看重关系，对人热情，因此，热情的对答会让其觉得舒适。可以与孔雀型的客户闲聊一会儿，这对建立融洽关系是有帮助的。这类性格的客户更注重感受大于实际任务，及时肯定他们会让其觉得受到了重视。

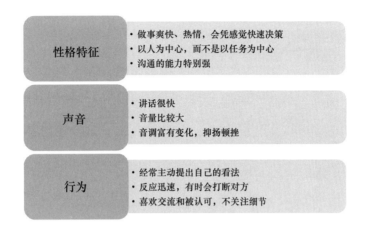

图 1-2　孔雀型性格特征表现

（三）树懒型

树懒型性格特征表现如图 1-3 所示。树懒型的客户往往比较单纯，与其对话时语速要慢，音量不要太高，尽可能地显示友好和平易近人，礼貌、温柔地说话即可。如果在电话中发现客户回应速度较慢，就不要在电话中显得太过于热情，以免起对方不安。

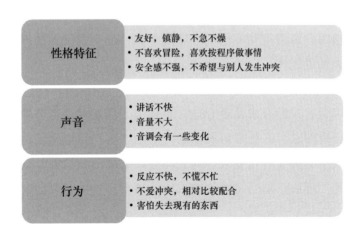

图 1-3　树懒型性格特征表现

（四）猫头鹰型

猫头鹰型性格特征表现如图 1-4 所示。对待猫头鹰型的客户要认真，注意一些平时不太注意的细节，不需要太过热情，可以多问几句"还需要我提供哪些帮助吗？"。协助该类性格的客户时，可以多提供事实和数据，工作人员一丝不苟和有条不紊的处事风格会给其留下好印象。

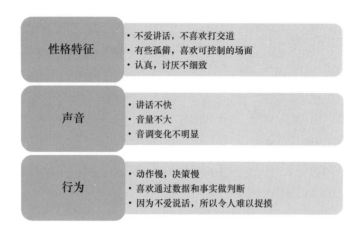

图 1-4　猫头鹰型性格特征表现

二、客户投诉时常见心理状态及应对方法

1．心理状态一：出于补救

在许多投诉案例中，特别是关于电费或补偿类案例，客户认为自己权益受到损害，投诉的目的基本在于得到补偿。另外，客户出于补救的心理不仅指财产上的补救，还包括精神上的补救。

客户特点：当客户希望得到补偿的心理越急切，但企业又无法提供补偿的话，客户投诉升级的可能性就越大。

客户类型：维护权益型、理直气壮型。

处理建议：确认客户的要求是否合理，事件属于偶发性还是惯性，是否能酌情为客户处理。如是合理要求，在处理问题的同时应给予客户用电建议，并提醒其以后留意避免同类情况发生。如非合理要求，需要向客户解释清楚原因。处理投诉时，还应耐心倾听，并运用同理心、适当道歉等方式给予客户精神上必要的安抚。

2．心理状态二：出于认同

客户不仅自尊心都非常强，还常会认为自己的投诉很有道理，通过投诉可以让自己所遇到的问题受到关注和重视，并得到认同和尊重。

客户特点：对于问题有自己的想法并坚持己见，同时希望对方也能理解和肯定。

客户类型：感情丰富型、细腻型、敏感型。

处理建议：要在接待过程中对客户的感受、情绪表示充分的理解和认同，做到及时回应、及时表示歉意、及时回复等。这些做法通常会被客户看作为是否得到尊重的表现，但要注意不要随便认同客户的要求，应做到正确、合理的评估。

3．心理状态三：出于表现

有些客户投诉是出于表现的心理，既意在投诉和批评，也在于建议和教导。

客户特点：具备一定的文化修养，对电力企业的业务和流程有一定了解，或事前做过一些准备，沟通时不温不火，头头是道。

客户类型：知识分子型、有备而来型、曝光型和惯性投诉型。

处理建议：根据客户提出的争议点，应先对不熟悉的领域进行详细记录，急于回答反而适得其反，待充分准备后再答复，并注意适当赞扬客户。

4．心理状态四：出于发泄

客户带着怒气和抱怨进行投诉时，有可能只是为了发泄不满情绪，释放和缓解郁闷或不快的心情，来维持心理上的平衡。

客户特点：将不满情绪传递给企业，目的在于恢复或平衡自己的心理状态。

客户类型：情绪易波动型、唠叨型。

处理建议：服务人员的耐心倾听是帮助客户发泄的最好方式，切忌打断客户。在帮助客户宣泄情绪的同时，尽可能营造愉悦的氛围，适当引导客户的情绪。

5．心理状态五：出于报复

客户投诉时，一般会对投诉结果有粗略却理性的预期。当预期与实际结果相差过大时，或者客户在宣泄情绪过程中受阻或受到新的伤害时，某些客户会产生报复心理。

客户特点：自我意识过强、情绪容易波动，不计个人得失，只想让对方难受，为自己出一口气。

客户类型：霸道型、喋喋不休型。

处理建议：接待此类型客户时，服务人员的耐心尤为重要，应以恰当的语言、和善的态度安抚客户，在帮助客户宣泄情绪的同时，还要尝试让客户冷静下来。对于极少数有极端行为的客户，应注意收集和保留相关证据，在适当的时候提醒客户有证据的存在，这对客户而言也是一种极好的冷静剂。

第三节　自我情绪管理

情绪是人对事物的态度的体验。情绪经验是个人在成长过程中积累的，对特定事物的特定情绪反应经历，会影响人们在同类事件发生时的情绪反应。通过练习可以改善情绪经验，如有人害怕狗，可用主动接触朋友的狗、养狗（从养幼犬开始）等积极的方式逐步改善对狗的情绪经验，积累狗是友善的动物的情绪意识，逐步改善被狗咬过等事件留下的害怕的情绪经验。

一、情绪管理步骤

（1）觉察自己的情绪。探索自己曾有的各种情绪，记录并整理每天的情绪，增加对自己情绪的认识与觉察。

（2）了解情绪的成因。如了解情绪为外界压力导致，还是因自我价值观、人生观不正确导致。

（3）缓和与转换情绪。根据情绪形成的原因，选择对自身有效的方式进行情绪缓和（或）转换，削弱负面情绪对正常生活的影响。

二、情绪管理技巧

（一）意识调节法

通过回想人生、爱好、事业等的追求和道德法律等方面的知识，不断提醒自己不要被繁琐之事干扰。有时伪装好心情会让坏情绪在不觉间悄悄溜走。当坏情绪涌上心头时，不妨努力伸一下懒腰，做几次深呼吸，去打一个短暂的电话，试着强制自己微笑几分钟。

（二）语言节制法

在情绪激动时，心中默念或轻诵"冷静些""不能发火"等暗示性词句，将情绪点转移或减弱，也可以针对情绪弱点，将写有"制怒""镇定"等字样的条幅置于案头或墙上。

（三）自我暗示法

预计在某些场合中可能会产生某种紧张情绪，可先寻找几条不应产生这种情绪的有力理由，进行自我暗示。当问题一时找不到头绪时，可以抽出三五分钟，静静地望着窗外，或闭起双目，想象轻松愉快的事。用思想控制情感，设想烦恼消失了，就会感到豁然开朗。

（四）愉快记忆法

回忆美好时光是稀释坏心情的一剂良药。比如回忆美好的旅行、美味的大餐、从前受到的赞美和表扬；回忆以往遇到的高兴事，或获得成功时的愉快体验，特别是与眼前不愉快体验相关的愉快体验。

（五）环境转换法

情绪剧烈波动时，可舒缓一下紧绷的神经让自己放松，如哼唱喜爱的歌曲、吃令自己感到愉悦的食物等，暂时离开激起情绪的环境，包括有关的人和物。

第四节 运营管理规范

一、服务礼仪

礼仪周全能息事宁人。员工的一言一行都代表着企业的形象，只有严格按照公司的礼仪规范要求自己，才能让服务变得更专业，与客户之间的交流、沟通更容易、更顺利。

（一）基本礼仪

开展工作前，用 5～10min 对仪容仪表进行整理，增加工作自信和使命感。

男员工仪容仪表要求：身着标准工作服，无工作服可着深色配套西装、单色衬衣、深色袜子、黑色皮鞋；系领带，领带紧贴领口；整体美观大方；保持西装、衬衣平整、清洁，领口、袖口无污迹；西装口袋不放杂物，皮鞋无灰尘；保持头发清洁、整齐，经常刮胡须，剪短指甲；精神饱满，面带微笑。

女员工仪容仪表要求：身着标准工作服，无工作服可着职业套装或套裙，裙子长度不短于膝盖以上 10 厘米；西装、西裙、衬衣平整、清洁；穿套裙时配肤色丝袜，无破损，皮鞋无灰尘；保持头发清洁，发型文雅、庄重、梳理齐整，指甲不宜过长，可化淡妆；精神饱满，面带微笑。

（二）仪态礼仪

员工应经常检查自己的仪态，良好的仪态不仅是自我尊重和尊重他人的表现，还能反映出一位服务人员良好的工作态度和责任感。工作仪态礼仪具体内容见表1-1。

表 1-1   工作仪态礼仪

礼仪	要　　　求
微笑	发自内心、自然大方、真实亲切，充分体现一个人的热情、修养和魅力
目光	在与人谈话时，大部分时间应看着对方，不能左顾右盼，也不能紧盯着对方；道别或握手时，应该用目光注视着对方的眼睛
站姿	抬头、挺胸、含颚、夹肩、收腹、提臀，双臂自然下垂。男士双脚分开，比肩略窄，双手交叉，放于腹前或体后；女士双脚并拢，脚尖呈 V 字或丁字状，双手交叉放于腹前
坐姿	入座要轻，建议坐满椅子的 2/3，后背可轻靠椅背，双膝自然并拢（男士可略分开），头平正，挺胸、夹肩、立腰。如长时间端坐，可将两腿交叉重叠，但要注意将腿往回收
行姿	女士抬头、挺胸、收紧腹部，双手放在身体两侧自然摆动，步伐轻盈，不拖泥带水，身体有向上拉长的感觉；男士抬头、挺胸，步伐稳重，自然摆臂，充满自信

续表

礼仪	要　　求
蹲姿	一脚在前，另一脚在后，两腿向下蹲，前脚全脚掌着地，小腿基本垂直于地面；后脚跟提起，前脚掌着地，臀部向下
手势	手势的幅度和频率不要过大过多，要特别注意手势的规范和手势的含义。在示意方向或人物时，应用手掌，切不可用手指

（三）常用接待礼仪

日常工作中常用接待礼仪如下。

1．引路

在走廊引路时，引路人员应位于走廊左侧，客人左前方的两三步处，同时让客人走在路中央。引路人员要与客人的步伐保持一致，留意客人的关注点，适当地做些介绍。

在楼梯间引路时，应让客人走在正方向（右侧），引路人走在左侧。遇到拐弯或有楼梯、台阶的地方应使用手势，提醒客人"这边请"或"注意楼梯"等。

2．开门

向外开门时，应在打开门后扶住门把手，站在门旁，对客人说"请进"并施礼。待客人进入房间后，用右手将门轻轻关上，请客人入座。

向内开门时，接待人员应先推门进入房间，侧身扶住门把手，对客人说"请进"并施礼，待客人进入房间，轻轻关上门，请客人入座。

3．同行礼节

通常两人并排走路时，以右为尊；三人并排走路时，以中为尊；四人同行时，应分成两排行走。上下楼梯、扶梯时，应靠右边行，让年长者或客人走在上一阶，以防意外。

4．搭乘电梯

电梯里没有其他人时，接待人员应在客人之前进入电梯，按住"开门"按钮，再请客人进入电梯。出电梯时，接待人员应按住"开门"按钮，请客人先出电梯。电梯内有人时，进出电梯都应客人、上司优先。日常搭乘电梯时，先进电梯的人应靠后站，以免妨碍他人乘梯。电梯内不可大声喧哗或嬉笑吵闹。电梯内已有很多人时，后进入的人应面向电梯门站立。

（四）电话礼仪

服务人员经常需要通过电话与客户进行交流,注重电话礼仪有助于提升客户感知，更好地协助工作开展，提升工作效率。工作电话礼仪见表1-2。

表 1-2 　　　　　　　　　　工 作 电 话 礼 仪

电话礼仪		要　　求
总体原则	敬语当先	接电话时使用"您好""请讲"等礼貌用语。不论对方是什么态度，都应始终保持语气谦逊、态度和蔼，不与对方顶撞，发生争执。应具有帮助他人排忧解难和助人为乐的精神，说话时语调应亲切、委婉，使对方感到被关心和协助
	职业化规范	发音清晰，语言简洁明了，内容表达准确。内容较多时，应主次分明，按轻重缓急耐心解释，使表达更有层次感。语速快慢要适中，如对方有急事，语速过慢会给人慢条斯理、故意拖延时间的感觉
拨打电话	有备无患	提前计划和准备更能达到所想要的结果
	先报姓名	与客户通话时，应先表明自己的身份，让对方有心理准备，如"您好，我是供电公司××部门工作人员"
	征求对方同意	电话接通后还应礼貌地先询问对方"现在讲话方便吗？"。待对方确认后，再开始叙述事情的内容，叙述事情应简明扼要
	结束通话	应确认对方先挂断电话后，自己再轻轻放下电话或按下挂断键
接听电话	时机适当	不要在电话铃响瞬间接通，因为此时对方一般还没做好心理准备。也不要响铃超出三遍再接通，以免对方久等。如响铃超出三遍才接通电话，应先向对方致歉，如"对不起，让您久等了"
	及时回应	由于通话双方看不见对方，因此安静地毫无回应地听对方讲话容易让对方不安，应通过"是的""好的"等及时回应对方
	对方误拨电话	当接到误拨的电话时，也礼貌回复，耐心说明，以体现良好素养
转接电话	再次确认	当知道对方的名字及其要找的对象之后，要重复一遍向对方再次确认，以免弄错
	递送电话	递送电话时要用手遮住话筒或者按保留键，因为对方一般仍将听筒靠在耳边，所以递送电话时高声呼喊或其他情况会惊扰对方
	准确记录	明确对方所找的人不在时，可告知对方或让对方稍后再打来。并告知对方重要事可记录下来代为转告。记录时应认真仔细，并将其中的重点内容再复述一遍，向对方确认是否无误

二、收费管理

本部分内容主要通过收、交电费的相关场景，为相关专业人员提供服务参考和指导。

（一）营业厅收费

收费前，核对客户关键信息、金额及双屏信息；收费时，唱收唱付，当面点清，辨明真伪；收费后，提醒客户核对发票信息。核对客户联系信息，如需要变更，请客户提交变更申请，或通知客户经理上门收取资料更新。

建议话术："您的户名是×××？地址是××××？烦请您核对。""这是发票和找零，请核对发票信息。""您好，您是否为×××本人，能否耽误您一点时间核对下联系信息。您在系统中的联系电话是1××××××××××，请问号码对不对？"。

（二）处理重复交费

当客户在银行代扣成功后，营销系统销账处理尚未结束，造成客户又通过其他渠道（支付宝、营业厅柜台、第三方代收费）交费成功时，应安抚客户情绪，与账务核实，跟踪处理进程。

建议话术："您好，请您放心，如果确实是重复交费，您多交的费用一定会退回到您账上。请您留下联系方式，我们会继续帮您跟进了解情况，并及时与您联系。这是我们营业厅的联系方式，您可以随时与我们联系，谢谢您的配合。"

（三）推广电子化交费渠道

虽然需要加快推进全省电子化交费工作，但当客户使用现金支付电费时，也不可拒收客户现金，并在受理过程中将多种交费方式向客户进行推广。

建议话术："您好！您还可以选择刷卡交费，避免因携带大量现金带来不必要的风险。""您看，为了减少排队的时间成本，您可以通过网上国网、"国网江苏电力"微信公众号、电 e 宝、支付宝等渠道轻松交费，或者直接办理银行、支付宝、电 e 宝代扣电费业务。"

（四）交清欠费后复电

对已停电客户，确认客户欠费已结清，留下客户准确的联系方式，告知复电时限。如客户明确表示无需复电，请客户自行断开电表下空气断路器。

建议话术："我们会在您结清电费后××小时内恢复供电。不过我们尽可能当天送电。""您也需要确认家中电表下空气断路器是否合闸。""如果您暂时不需要用电，建议您将电表下空气断路器断开，这样您就可以随时自行恢复用电了。"

三、开票管理

发票具有合法性、真实性、统一性、及时性等特征，是最基本的会计原始凭证之一，是记录经济活动内容的载体，是财务管理的重要工具，是税务机关控制税源、征收税款的重要依据，更是国家监督经济活动、维护经济秩序、保护国家财产安全的重要手段。

（一）票据类型

指用户可根据自身行业需求及类型开具对应的增值税发票。

1．增值税专用发票

增值税专用发票，是由国家税务总局监制、设计、印制的，只限于增值税一般纳税人领购使用的，既作为纳税人反映经济活动中的重要会计凭证，又是兼记销货方纳税义务和购货方进项税额的合法证明，是增值税计算和管理中重要的决定性的合法的专用发票。

2．增值税普通发票

除商业零售以外的增值税一般纳税人开具的普通发票纳入增值税防伪税控系统开具和管理，也就是说一般纳税人可以使用同一套增值税防伪税控系统开具增值税专用发票、增值税普通发票等。

3．增值税电子发票

自 2016 年 1 月 1 日起，使用增值税电子发票系统开具增值税电子普通发票的，开票方和受票方可以自行打印版式文件，其法律效力、基本用途和基本使用规定与税务机关监制的增值税普通发票相同。

（二）客户开票基础信息维护

增值税信息维护是指根据客户提供的增值税资料，对需要开具增值税发票的用电客户进行增值税信息增添、更改等的维护业务。

为了确保发票开具合规、高效，客户增值税信息应准确无误，客户及业务应符合发票开具条件。增值税信息是指客户信息中涉及开票的相关内容，包括客户编码、购买方名称、纳税人识别号、地址、电话、开户行及账号等。

目前，客户开票基础信息由营业厅或客户自行通过手机软件"网上国网"等相关渠道申请。根据客户分类管理的要求，上传纸质资料的原件及开票信息，在营销系统中完成维护。

（三）其他说明

发票的领用、开具、保管、遗失、销毁等都需严格按照发票管理规定执行，明确各自责任，并定期开展检查，对各类发票进行风险管控。

四、业务受理规范

电力营销服务基本要求的主要内容如下。

（1）实行首问负责制。无论办理业务是否对口，接待人员都要认真倾听、热心引导和快速衔接，并为客户提供准确的联系人、联系电话和地址。

（2）实行一次性告知，做好"一证受理"。受理用电业务时，应主动、完整地向客户说明该项业务需客户提供的相关资料、办理流程、收费项目和标准。资料审核无误后，将客户信息及时、准确地录入营销业务应用系统，将工单发送至下一环节，并向客户提供业务咨询和投诉电话号码。不得违反业务办理告知要求，导致客户重复往返。

（3）实行限时办结制。办理客户收费业务、客户用电业务的时间应符合服务时限要求。为大客户业务办理、重大项目办电提供绿色通道，减少客户等候时长。

（4）受理客户咨询、查询时，要做到认真倾听、耐心询问，并做好记录。无法当即答复时，应向客户致歉并告知几个工作日内答复，将客户诉求传递至相关处理部门，做好闭环管控。

（5）实施差异化服务策略，为客户提供主动沟通联络、问题升级处置、业务办理贵宾接待、业扩报装快速通道等服务。

（6）对老年人、残障人士等特殊群体，应充分尊重其业务办理习惯，设置便民服务设施，提供现金收取、绿色通道等服务。

（7）可充分依托营业厅场地资源，定期开展客户关系维护活动，结合属地特色推广"供电＋能效"服务，与优质客户保持良好合作关系。

五、档案管理

客户档案是记录客户与供电企业生产活动的重要载体，为工作开展提供依据及支撑，因此要做好档案的收集、建立、保存和管理。

（1）保存客户业务档案资料的档案库房应设置专用档案资料室，设置专职或兼职的档案资料管理员。档案库房应干燥、清洁、通风良好；档案柜（架）设置合理，排列整齐、美观；满足防盗、防火、防尘、防高温、防潮湿、防污染、防鼠、防虫等要求，不得摆放无关物品。档案库房钥匙应由档案管理人员负责保管，非档案管理人员未经允许不得进入档案库房。

（2）档案管理人员必须具有良好的职业道德，牢固树立"敬业爱岗、诚实守信、服务人民、奉献社会"的工作理念，并按服务规范的要求，做好供电优质服务工作，树立良好的供电企业员工形象。

（3）档案工作人员需要对资料的完整性和有效性负责。发现档案不完整时，应督促相关人员完善，并坚持对电力客户档案分类整理、归档存放。收集归档的客户档案信息应及时录入营销信息系统。

（4）档案管理人员应在尊重客户保密要求的前提下提供用电客户档案原始资料及相关数据的查询工作。

（5）档案管理人员应具备相应的专业知识和业务技能，岗位操作规范、熟练；熟悉营销管理信息系统传票归档事务，熟悉档案管理知识；熟悉适合本单位的业务流程、传票、各类数据处理的运行机制。

六、设备管理

营业厅服务设备包括但不限于自助服务终端，如自助查询缴费终端、自助业务办理终端、自助票据打印机、智能引导设备、排队叫号机、平板电脑、智能机器人、广告机、展示 LED 屏幕、POS 机等为客户提供服务的设备，其配置、功能等应满足营业厅服务需求，并及时进行软硬件更新、升级。在日常工作中，设备管理应注意以下几点基本要求。

（1）服务设备应建立台账，按照"谁使用、谁保管"的原则，落实管理责任。

（2）加强自助服务终端的使用引导和管理，并做好自助服务终端运营状态、使用情况的日常监测，做好服务设备的日常巡视、维护、保养，及时更换、补充耗材。设备异常时应摆放或张贴"暂停使用"提示，并在当天联系相关部门处理。

（3）严重损毁无法修复、外形严重损坏、维修后达不到技术指标，或者更新换代、技术落后、效率低等的服务设备作报废处理。

七、现场投诉举报管理

（一）现场投诉举报闭环处理步骤

因供电质量问题、工作人员服务不规范等导致的客户现场投诉或举报，如果处理不当，小则导致矛盾升级、事态扩大，大则给企业造成一系列的负面影响和不良后果。客户现场投诉时，通常情绪激动，难以接受各种解释，建议按图 1-5 所示步骤尝试消除客户不满，降低投诉升级的可能。

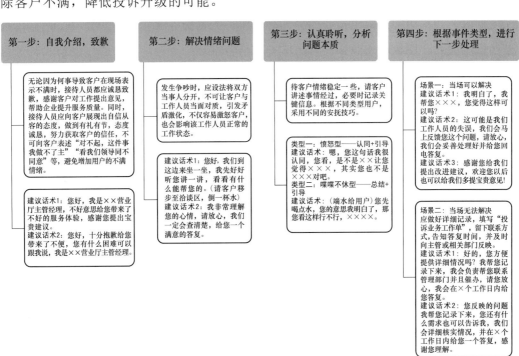

图 1-5 现场投诉举报闭环处理步骤示意

为了提升服务质量，尽可能在答复完客户诉求后开展自查整改。首先请工作人员展开自我反思及讨论，针对薄弱点，编制学习计划，不断提高服务意识、服务技巧和处理问题的方法，做到服务需求可控、能控，避免再次发生类似服务事件。

然后，多开展实景模拟训练，提升工作人员应对突发事件的心理素质，并通过"不告知"演练的方式，提升员工综合应对能力。

在处理投诉过程中，工作人员的集体主人翁意识也至关重要。发生矛盾时如果可以互帮互助，共同维护集体的利益，那么接待人员会更有信心，更能以大方、自然的态度，获取客户的信任感。

（二）其他处理建议

1. 让客户发泄

客户带着怒气投诉或抱怨是十分正常的现象，此时服务人员首先应当态度谦让地接受客户的投诉和抱怨，引导客户讲出原因，然后针对问题解决。这种方法适用于所有抱怨类投诉的处理，是采用最多的一种方法。使用这种方法时应把握三个要点：①听，即认真倾听客户的投诉或抱怨，弄清楚客户不满的要点所在；②表态，即表明对此事的态度，让客户感到工作人员有诚意对待他们的投诉或抱怨；③承诺，即能够马上解决的当时解决，不能马上解决的给一个明确的承诺。

2. 委婉否认

委婉否认，即客户提出自己的异议后，服务人员应先肯定对方的异议，然后再陈述自己的观点，避免陷入负面评价。这种方法特别适用于澄清客户的错误想法、鼓励客户进一步提出自己的想法等，常常起到出人意料的效果。使用委婉否认法时应注意：这种方法的常见表达句型是"是的，但是……"，这种句型隐含着极强烈的否认，因此遇到一切极端情况可将其改为较为委婉的"是的……而……"句型，还可以使用"除非……"的句型，尽量避免出现"但是"。

3. 转化

转化法适用于因误解导致的投诉或抱怨。当客户有误解时，应优先让客户明白问题所在，当客户明白是误解时，问题也就解决了。应用转化法时应注意：服务人员必须经验丰富，能察言观色，当机立断，适时巧妙地将客户误解转化；服务人员在应用转化法时应轻松自然、心平气和，即使客户提出的异议明显缺乏事实根据，也不能当面驳斥，而应旁敲侧击去疏导、启发和暗示。

4. 主动承认错误

如果服务过程或服务结果不能令客户满意，就应当承认错误，并争取客户谅解。不能推卸责任或寻找借口，因为理在客户，任何推诿都会使矛盾激化。承认错误只是第一步，还应在明确承诺的基础上迅速解决问题，不能拖延时间。在事发的第一时间解决问题的成本最低，客户最为认可，时间拖得越久投诉风险越大。

5．转移

转移是指略过客户无事生非或者荒谬的异议，迅速转移话题让客户感到工作人员不想与他加剧矛盾。使用转移法时应注意：只有服务人员判断客户的异议属于无事生非或者比较荒谬时才能使用这种方法；应轻松自然，以免客户感觉被冷落；客户再度提起异议时不可不理会，此时表明这个异议对客户很重要，服务人员应运用其他方法以转化和消除客户异议。

八、安全管理

营业厅应加强安全管理，采取有效措施防范人身、资金、信息、消防、公共卫生等安全风险发生。

（一）安防设施

营业厅应采用符合要求的音视频监控系统、紧急报警系统等加强安全管理，并定期维护和巡检，定期检修保养，建立检查登记制度，确保安全防范设施正常运行。

独立机房（或设备间）应采用门禁、生物特征识别等措施加强安保，严格机房出入管理。当天营业结束后，除 24h 自助营业厅外，应锁闭门窗，保持安防设施电源通电。

（二）人员安全

定期开展安全防范基本知识、应急事件处置、安防设施操作等安全教育，增强营业厅服务人员安全防范意识。应设置醒目标识区分公共服务区域与内部办公区域，必要时可设置电子门禁，防止非营业厅服务人员进入内部办公区域。

（三）资金安全

营业厅必须严格遵守财务相关管理制度及纪律，加强对收费员的指导与监督。收取的现金应每日解款，超过解款时间后收取的现金应存入保险柜，并于次日解款。解款应由安保人员随同，未配备安保人员的，应至少由 2 名员工一同送交资金。在营业厅内交割解款资金应在音视频监控下进行。

（四）信息安全

加强服务人员信息安全培训，增强信息安全警惕性，防范信息安全事件发生，如发现异常应采取相应处理措施并及时上报。

营业厅办公电脑不得安装非公司统一推荐、来源不明的软件，不得随意卸载桌面管理和杀毒软件。各类服务设备必须物理关闭裸露数据端口，且做好封堵，防止非法外联情况发生。

加强信息安全隐患排查，将信息安全检查纳入营业厅巡视内容，做好安保措施，严防物理入侵、信息套取等社会工程学攻击。

（五）消防安全

认真执行政府主管部门、公司有关营业厅消防安全管理要求，落实消防安全责任制。定期组织营业厅服务人员开展消防安全应急培训，普及消防知识，提高消防技能。

强化消防安全隐患排查，将消防安全检查纳入营业厅日常巡检内容，重点检查消防设备完备情况及监控死角、火灾易发区等，及时发现、消除火灾隐患。

制订针对性的灭火和应急疏散预案，定期组织开展应急演练，提高营业厅服务人员处理火灾事件的能力。

（六）公共卫生安全

做好公共卫生事件应急预案，配备公共卫生安全事件常用防护及救治工具。确认突发事件快速响应影响人员清单，并制定轮班制度，以随时启动应急预案，保障营业厅持续平稳安全运营。

九、应急管理

供电企业作为一服务性行业，每时每刻都在接受社会的监督。供电营业厅作为供电企业的窗口，每天要接待各行各业的客户，发生突发事件不可避免，因此如何处理突发事件显得尤为重要。

（一）建立完善应急机制

（1）建立重要工作、重大事件逐级报告制度。在发生特殊情况时，应本着以客户为中心的原则，主动寻求解决办法，积极应对、快速处理、反馈和报告；配备必要的雨伞、创可贴、止血绷带等应急物品；强化预防措施；结合工作实际，突出安全防护重点，以预防为主，建立健全科学有效的防护体系。

（2）建立分级营业窗口紧急事件处理小组，确定明确的责任人、职责和分工。营业厅作为窗口紧急事件处理的具体执行班组，是紧急事件处理的第一级单位。营业窗口一线服务人员作为与客户接触的第一人，应坚决执行首问负责制的规定，在发生特殊情况时，必须本着以客户为中心的原则，站在客户角度思考问题，主动寻求解决办法，积极应对和处理。

（二）优化应急预案，加强日常演练

预案内容包含但不限于营业过程中发生停电、系统故障、客户无理取闹和刀难、聚众闹事和打砸抢、客户在业务办理中突发病症、出现火灾险情、客流量激增等。

供电营业厅必须配备紧急报警系统、视频安防监控系统、入侵报警装置等，并定期检测，做好人员培训。相关部门应根据消防设施配置标准和各营业厅实际情况配置齐全、合格的各类消防设施，并定期巡检。

供电营业厅和其他相关部门应定期组织实施现场演练和消防演练活动，有效提升快速反应、妥善处置的能力和水平，确保营业厅员工掌握预防火灾措施和火灾扑救方法，熟练使用营业厅内消防器材。应急演练内容应至少包括演练时间、演练项目、参加人员和评估情况，并做好记录。

（三）常见突发事件处理建议

1．新闻媒体、律师等来访时

营业厅人员不是面对媒体、律师的专业工作人员，即使知道具体情况也不能随意回答，尽量引导媒体、律师等离开公共场合，在办公室或者大客户室等相对安静的场所等待专业人员的到来。

面对媒体、律师等时首先要礼貌接待，及时汇报领导，请专业部门来处理，不随意接受采访，不随意回答问题。其次，不能对媒体、律师说"无可奉告"，并在其面前表现出自己对企业的热爱。最后，切忌保持沉默、态度不温不火、漠不关心、掩盖事实、推诿他人，甚至反唇相讥。

2．客户在营业厅发生意外时

若客户感到身体不舒服时，可建议并安排客户到休息区休息。如果情况严重，应立即拨打120急救电话，根据实际情况采取急救措施，同时通知病人家属。若客户在营业厅意外摔伤、划伤等，应首先帮客户处理伤情，并搀扶至休息区，再根据实际情况作进一步处理。需注意：当客户意外跌倒时，要先进行观察，视情况再扶客户起身防止对客户造成二次伤害。

若客户在营业厅现场昏厥时，不要破坏现场，保证客户周围空气流通，不要随意挪动客户，更不能随意给客户吃药，第一时间拨打120急救电话，然后汇报领导。

3．突然出现大量客户办理业务时

政策性原因导致大量客户到营业厅办理业务时，应做好引导工作。在政策施行前，首先做好营业厅人员的业务培训，提高新业务办理的速度。政策施行当天营业前，公布办理该项业务的业务办理指南，印制并发放相关宣传资料。客户通过宣传资料可以了解该项业务办理的流程、所需资料及是否必须办理该项业务，从而减轻营业柜台业务办理的压力。

非政策性原因导致大量客户到营业厅办理业务时，如正处于月末电费交费期，应畅通交费通道，多渠道并举。如平时积极开展业务宣传，可以避免月末大量客户到营业厅交纳电费。其他非政策性原因导致大量客户办理业务的，应做好引导工作，必要时营业厅主管应启动应急预案。

4．电脑、系统故障或突然停电时

当营业厅电脑或系统故障，或突发停电时，应在营业厅公告故障原因和可能恢复时间。营业人员应对客户做好解释工作，取得客户谅解，并请客户在休息区休息等待。主管应立刻咨询相关部门，了解原因并告知全体营业人员。若短时间内无法解决故障，但能确定故障排除时间的，可通知客户在故障排除后再来办理。可以手工办理的业务，可指导客户填写相关表单，待故障排除后再录入办理。

第五节 企业品牌建设

越来越多的企业关注服务与品牌的结合，意识到塑造服务品牌的重要性。追求高品质和形象的客户也会选择优质服务品牌，对产品与服务的期望、品牌本身强烈的吸引力也促使客户不断追随自己所喜爱的品牌。服务品牌意味着品牌拥有者对质量价值和产品满意方面的保证。

一、品牌营业厅建设

（一）坚持客户导向，落实服务型定位

关注客户体验、洞察客户需求、分析客户行为，从客户体验出发，提供主动服务，简化办事流程，强化线上应用，打造服务手段丰富、服务响应迅速、服务体验优质的现代化营业厅。

（二）坚持实用实效，实现体验型升级

为客户提供新技术、新产品、新服务、新业务、新渠道的展示和互动体验，促进电能替代、节能服务、能源电商、电动汽车等新兴业务的推广，构建"供电＋能效"服务推广平台，扩大能效服务生态圈，满足客户服务需求。

（三）坚持创新引领，拓展智慧型功能

应用"大云物移智链"等前沿技术，持续推动服务内容、服务方式、服务技术和服务管理优化升级。推广营业厅智能化管控平台，打造身份识别自动化、运营管控智能化、服务体验互动化的营业厅，提供满足和超越客户需求的智慧服务，全面提升客户体验和服务质效。

（四）坚持线上线下一体化，实现服务渠道融合

基于公司"卓越服务工程"建设，大力推广手机软件"网上国网"，推进传统业务线上线下自助办理，实现服务渠道融合、数据信息共享。充分利用客户画像，分析客户潜在用能需求，开展能源电商、综合能源等新兴业务线上线下立体化推广，为客户提供一站式业务办理和一体化用能服务。

（五）坚持地方特色，做好示范宣传

各级营业厅结合地域特点及服务对象，利用大屏、广告机等多媒体设备和宣传手册发布国家战略和相关政策、公司制度，以及服务电力客户的各项措施，宣传公司新业务、综合能源等典型做法，展示公司为民服务形象。

二、新型传统营业厅建设

（一）优化营业厅布局和区域设置

（1）优化营业厅网点布局。从客户数量、服务半径、业务流量、可替代性四个维度开展营业厅效能评价，实现营业厅的合理分布，同时大力推广社会化服务网点，鼓励进驻政府服务大厅、推行银行网点代办。在公共事业单位、商超、大型社区等社会网点布设功能齐全、操作简便的自助设备，共享社会服务资源。

（2）优化营业厅功能区域设置。合理设置功能区域，依据营业厅客流量、业务量和客户需求，创新设计营业厅分区，实现与营业厅功能定位的有效适配。突出引导区和自助区，将引导区和自助区前置，人工柜台后撤，科学安排客户流线，精准服务客户，主动推广引流。缩减人工办理柜台，主动适应业务发展趋势，缩减收费区、业务办理区，减少人工业务办理窗口，向走动式、开放式、综合化服务方向发展。

（二）完善营业厅建设运营体系

（1）优化岗位职责和人员配置。结合客户期望和公司发展需要，梳理人员岗位需求和技能要求，灵活调配岗位人员，提升服务质效。

（2）强化人员服务能力提升。加强服务人员培训，提升电能替代、节能服务、能源电商、电动汽车等业务服务能力，拓展人员的辅助体验、案例讲解、宣传推广技能，打造适应新型营业厅工作的一线队伍。

（3）构建新业务后台服务支撑。提升后台协同运作效力，国网电商公司、电动汽车公司、综合能源服务集团等单位在产品宣传推介和数据共享方面加强支撑，推动新兴业务与体验营销深度融合。

（4）创新营业厅运营管理模式。推行数据驱动型运营管理，通过客户服务数据轨迹管理，对营业厅人员、业务、服务和日常运营进行全数据分析、全状态监测、全环

节管控。

三、深化服务转型

（一）加速营业厅数字化转型

结合营销系统功能设置，提供"便捷、个性、深度、互联、高价值"的能源服务和客户体验，助力市场开拓与价值创造；打造"在线、自动、高效、灵活、可视"的营业厅智慧运营体系，推动营销服务持续高质量发展。

（二）深化线上渠道推广应用

（1）充分利用"网上国网"服务平台，引导客户线上办理业务，进一步拓展服务内容。培养客户线上办电习惯，同步收集客户需求，提升产品体验。拓展线上线下信息互动和共享，融合营销信息系统、"95598"客服电话、网站、营业厅、第三方电子供应商、合作商、客户经理等多渠道信息，实现服务协同，提高服务效率。

（2）继续深化推进与政务信息平台的信息共享。鼓励将供电服务业务融入政务平台，自动获取客户身份信息、营业执照、产权证明、规划许可等客户办电信息，提高业务办理效率。

（三）强化设备智能化服务能力

（1）推广多功能自助服务设备。根据客户需求，普及应用具备交费、办电、发票打印等多功能的自助终端，迭代优化自助设备交互界面，提高自助设备使用率和客户体验。

（2）提高体验设备互动水平。采用客户可交互、可自主体验的新型设备，拉近客户体验和产品服务之间的距离，提升新业务、新产品的展示体验效果。

（3）实施营业厅运营在线智能监控。推广营业厅智能化管控平台，形成涵盖业务管理、人员管理、设备管理和运营分析一体的综合管理系统，实时监控营业厅运营状态。

四、团队建设

（一）发展背景

随着服务的深化改革，在传统的经营方式及传统的职能组织结构下仅依靠优秀的个人能力就获得良好业绩的局面已经不适应当代社会发展的速度。时代变迁使得电力系统发展日渐加快，团队合作作为一种先进的组织方式，对企业的观念影响越来越大。目前已经有很多企业开展了团队合作，试图对企业的经营理念和管理方式进行转变，进而为企业带来更大的经济效益。卓越的团队能够给企业发展带来无限生机，只有加强团队建设，才能朝着实现建设国际高端电力产业的计划更加迈进。

（二）作用与意义

团队由多个具有不同经验、知识背景、科学技能的个体组成，掌握着不同层面的知识，具有不同的思想，却有着相同的任务目标。集合多人智慧与阅历团队，必然会给企业带来发展机遇与经济效益。

团队合作是快速提升企业运行效率的有效方式，有助于企业更好地发挥员工的能力与特长，使得人尽其才。因此，电力企业的管理人员要重视团队合作的建设，有侧重地加强员工团队合作观念。

（三）基本要求

卓越的团队应正确认识自己的价值，掌握正确的社会先进信息，培养自身的社会使命感，拥有严谨的价值观，加强对自身基本品质的要求。团结奋进、求真务实、惟真求新是团队建设应当遵守的合作准则，只有具备上述一系列基本品质，才能建设最具有实力和竞争力的团队。

（1）卓越的团队需要制定明确的目标。目标是团队前进的动力，没有目标就会迷失前进的方向。达成共同的目标是团队存在的现实意义，是彰显团队存在价值的有利佐证。

（2）培养共同的价值观。团队的每一位成员都要坚守自己的使命，努力追求团结协作的企业精神，并保持诚信、责任、创新、奉献的精神，在团队的实际工作中发挥自身的才能与创新能力，为保障电网安全稳定运行及促进企业建设提供强有力的支持。

（3）具备高效的工作能力。管理者要及时了解企业内部发展状况，结合当前形势定期制定合理的优化与改革措施，定期开展培训工作，加强员工业务办理能力，提升员工整体素质。同时，在诚实守信的基础上，不断加强企业信誉度。

（4）创造良好的沟通氛围。团队成员要具有良好的沟通能力，开诚布公表达自己内心的真实想法，并积极主动地听取别人的意见。只有加强团队间的相互沟通，才能够正确、及时地找到不足，并加以改正。

（5）拥有坚毅的团队精神。团队精神代表了企业精神，是大局意识、协作精神、服务精神的集中体现。坚毅的团队精神是团队建设必不可少的因素。团队精神建设的基础是尊重个人的兴趣和成就。团队精神的建设不仅能够提升整个团队的业务量和集体力量，还能够直接为企业带来良好的经济效益，促进企业健康可持续发展。

（四）团队建设的关键因素

团队建设的关键因素包括核心灵魂人物、人性化的管理及人才素质理念。人才力量是卓越团队最宝贵的资源和资本。人才素质的培养，即让每位成员有学习的动力与渴望，让学习成为一种生活习惯。只有努力建设创新型团队，才能促进团队成员朝着全面发展的方向进步。

第六节 案 例 分 析

一、营业厅服务

（一）电费现金管理不规范

【案例描述】

某电力营业厅工作人员在营业时，收取客户王先生电费 260.20 元，并随手放在了同事桌上。第二天工作人员一上班盘点现金为 353.60 元，但营销业务系统显示昨日收费 613.80 元，差 260.20 元。

【风险点】

（1）现金盘点工作开展不到位，未做到日清日结，未按日编制现金盘点表。

（2）现金管理随意、不规范，容易存在截留、挪用、套现、非法划转风险。

【防范措施】

严格执行《国家电网公司资金管理办法》《国家电网公司电费抄核收管理规则》，切实加强现金管理，每日必须进行现金盘点，做到日清日结，按日编制现金盘点表，加强现金及保险柜资金安全管理，定期开展整治整顿，提升工作人员资金安全思想认识。

（二）现场投诉处理不当

【案例描述】

客户李先生至电力营业厅交纳电费，在使用自助交费机时，因不熟悉业务办理流程，希望旁边的工作人员指导一下，但该工作人员正在另一台自助设备旁处理其他客户的诉求，请李先生稍作等候。期间，李先生两次向工作人员求助，均未得到解决。

李先生自行操作自助设备交费成功后，向大堂经理投诉工作人员态度不佳。大堂经理将李先生带至自助区，并询问工作人员具体情况。自助区另外两位客户当场指责李先生不排队，三人发生口角。大堂经理安抚几位客户，希望他们平静下来。随后李先生带着不满情绪离开了营业厅，并拨打"95598"投诉营业厅工作人员态度不好。

【风险点】

（1）工作人员未实行首问负责制。当前一位客户业务办理时间过长时，工作人员未礼貌地向其他客户致歉，也未帮其寻找解决办法。

（2）营业厅管理人员处理技巧欠佳，未能采取有效措施防止事态进一步扩大。

【防范措施】

提升营业厅各级管理人员处理现场事件的应对水平。应按照处理现场投诉的步骤，有效安抚客户不满情绪，而不是仅简单安慰。加强工作人员服务职业化培训，及时疏导客户各类需求。

（三）业务受理不规范

【案例描述】

客户张女士到营业厅办理非居民新装手续，工作人员告知其需提供新户的主体资格证明。几天后，张女士带上主体资格证明再次来到营业厅，工作人员却告知其还需产权证明。张女士对此表示不满，工作人员却在告知张女士资料不全不能办理后，随即离开营业柜台去卫生间。

【风险点】

（1）业扩报装未按"一证受理"要求办理，导致客户多次往返。

（2）未施行一次性告知，造成客户往返奔波，引发用户不满。

【防范措施】

严格执行国家电网公司及各省电力公司出台的简化收资、一证受理、一岗制作业、取消查验等简化办电工作举措，强化规范执行，确保各项要求落实到位，严格落实首问负责制和一次性告知，提升客户的服务体验。

（四）开票服务不规范

【案例描述】

企业客户 A 公司电费增值税专用发票抵扣失败。经查 A 公司 2020 年 4 月系统增值税发票金额和金税系统金额不一致，进一步核查发现发票的增值税在营销业务系统中状态为"未使用"，但在金税系统中该发票已经开给用户 B，存在工作人员违规虚开增值税发票行为。

【风险点】

工作人员未严格按照增值税发票管理规范执行，造成发票虚开，容易引发客户投诉等服务事件和法律纠纷。严重的可能发生违规违纪行为，造成国家税收损失。

【防范措施】

增值税专用发票应通过营销业务应用系统或税务管控专用系统开具，并在系统中如实登记开票时间、开票人、票据类型和票据编号等信息，严禁手工填写开具电费发票。开具增值税专用发票前应认真核实户名信息。

（五）设备故障未及时处理

【案例描述】

某周六，营业厅两名值班人员到岗后，发现自助交费机故障无法使用，且营业厅大门已开，有大量用户涌进营业厅交费，现场十分混乱。工作人员忙于帮用户交费，未注意到客户周女士自行至故障交费机交费，且发生机器误吞卡。等到维修人员到场后故障才终于解决，周女士对此表示非常不满。

【风险点】

（1）服务设施出现故障时未及时挂故障牌，导致客户利益受损，耽误了时间。

（2）应急处理机制不健全。营业厅客流量激增时，未采取及时有效的应对措施，导致厅内秩序混乱。

【防范措施】

加强营业厅值班管理。应综合考虑各营业厅业务周期、季节气候、政策影响等因素，预测客流量变化、业务量波动，结合人员在岗情况制订并动态优化排班计划表，确保满足服务需求。

加强自助服务终端的使用引导和管理。设备异常时应及时摆放或张贴"暂停使用"标识，并在当天联系相关部门进行处理。

二、远程服务

（一）营业厅电话服务

【案例描述】

客户钱先生于 3 月 17 日和 18 日，多次在工作时段拨打供电公司对外热线，但一直无人接听。3 月 19 日，他又拨打电话咨询无法正常扣费问题，接听的工作人员语气平淡地对他说"那你去找银行啊"。钱先生表示非常不满，投诉说工作人员蔑视他，且因该对外电话无录音设备，工作人员无法举证态度问题。

【风险点】

（1）对外电话接听不及时，导致客户反映问题渠道不畅通，容易造成矛盾升级。

（2）未落实首问负责制，未将客户反馈的问题提交至相关班组排查原因，易造成客户利益受损。

（3）违反"十个不准"中的"不准漠视客户合理用电诉求、推诿搪塞怠慢客户"的规定，给客户造成非常不好的服务体验。

（4）未按照要求安装录音设备，无法在关键时刻保护工作人员权益。

【防范措施】

应高度重视客户电话的接听，并将此作为前移服务举措、化解投诉的重要平台。在出现停电、电费突增、表计异常、扣费不成功等情况时，由于会造成经济利益受损或生活不便，客户常常比较着急甚至会恶语中伤，此时接听电话人员更应控制好自身情绪，及时为客户解决实际问题。对于不能立时帮客户解决的问题，应主动告知客户联系电话，方便其后续联系和咨询。

工作人员应遵守良好的电话礼仪，让使用"你好""请"等礼貌用语成为习惯。为避免直接判定为工作人员责任，服务电话接听必须启用录音电话全程录音，以为佐证。

（二）电话报修受阻

【案例描述】

客户周先生来电投诉其于当晚 20 点拨打当地供电所对外张贴在电线杆上的服务热线电话反映停电问题时，接线人员服务态度差。接线人员对他说"维修这里只有一个人在"，当他追问具体情况时，接线人员索性将电话搁置，将他晾在一边近 10 分钟。

【风险点】

（1）接听人员缺乏临场应变能力，不仅未及时缓和客户情绪，还采用了不恰当的方式。

（2）违反"十个不准"中的"不准违规停电、无故拖延检修抢修和延迟送电"的规定，服务意识淡薄。

【防范措施】

积极培育服务理念，树立全员服务、主动服务意识；对客户的诉求不推诿、不拒绝，真心实意为客户着想；持续开展员工警示教育；及时解决客户最关心、最直接、最现实的利益问题。

三、线上服务

（一）"网上国网"申请未及时处理

【案例描述】

客户王先生于 2021 年 8 月 28 日 11 点 06 分通过"网上国网"手机软件办理低压业扩新装，截至 9 月 3 日无相关工作人员与其联系。9 月 4 日，王先生通过"网上国网"催办。截至 9 月 12 日仍无工作人员与其联系，王先生拨打"95598"投诉。

【风险点】

因运营渠道堵塞，手机软件线上业务长时间未得到响应，引起客户对服务不满。

【防范措施】

开展系统架构优化，提升系统性能与稳定性，减少系统延迟卡顿，加强营业厅、"95598"客服热线的运营管理，时刻关注各渠道运营情况，及时采取分流疏导措施，积极响应客户的用电需求。

（二）擅自变更或泄露客户信息

【案例描述】

某供电公司员工利用"网上国网"手机软件户号绑定规则，擅自修改营销系统内非本人相关的客户基础联系信息，以达到本人"网上国网"账号与他人户号自动绑定的目的，从而实现违规积分划转，套取电费红包。

【风险点】

（1）擅自变更客户信息，导致客户基础信息不准确，错发各类服务通知。

（2）工作人员利用职务之便，违规窃取客户资料，通过积分套现等手段谋取私利，违反"十个不准"中的"不准利用岗位与工作便利侵害客户利益、为个人及亲友谋取不正当利益"的规定。

【防范措施】

严格执行《国家电网有限公司员工服务"十个不准"》，规范客户信息收集应用，保护客户信息，准确维护客户基础信息，提高工作人员业务素质，提升防范廉政风险意识。

四、信息公开

（一）未及时对外公布重要信息

【案例描述】

某营业厅的宣传栏和宣传大屏中均没有代理购电工商业用户最新电价表，宣传折页上也没有"95598"和"12398"标识。

【风险点】

（1）客户无法及时、准确获取电价、收费标准信息，导致客户利益受损。

（2）未公开投诉监督电话，违反"十个不准"中的"不准阻塞客户投诉举报渠道"的规定。

【防范措施】

企业门户网站、营业窗口应及时、规范、完整地对外公布服务承诺、服务项目、业务办理流程、投诉监督电话、电价和收费标准等信息。

（二）业扩工程未提供典型设计方案及工程造价参考手册

【案例描述】

客户刘先生到某供电公司营业厅办理高压新装业务，拟新建地面配电室，申请容量为 800kV·A，并询问该项目受电工程费用的大致金额。受理人员告知，工作人员与其联系后再予以说明，并未答复该容量业扩项目对应的典型工程造价，也未向刘先生提供受电工程典型设计方案及工程造价手册供其查阅。

【风险点】

未向客户提供典型设计方案及工程造价咨询，不能为客户测算投资成本提供参考，影响客户对受电工程业扩投资知情权，易引发投诉和监管风险。

【防范措施】

提升主动服务意识；在营业厅受理和现场勘查期间，为客户提供典型设计方案及工程造价咨询服务；加强监管力度，开展明察暗访，规范公示及信息公开管理，优化电力营商环境。

第二章　用户侧用电管理及综合能源服务

电力网由发电、输电、变电、配电、用电紧密结合而成。用户侧用电管理及综合能源服务作为直接服务用电客户的关键一环，起着衔接电力生产和消费、能源转换利用和供需配置的枢纽作用。在电力营销领域，上述两部分工作内容可统一归结至市场专业，涵盖了市场专业的主要工作内容。传统市场业务涵盖业扩报装、用电检查等营销服务工作，为客户提供可靠的供电服务和有力的用电保障。随着社会能源转型，客户的用电需求和消费理念日益多元化、个性化、低碳化，市场专业也承担着优化电力营商环境、服务新发展格局的重要任务，给相关岗位人员的服务水平带来了新的挑战。

第一节　市场专业服务规范

为全面落实国家深化"放管服"改革和优化营商环境工作要求，切实降低实体经济成本、减轻社会负担和提高人民群众满意度，积极践行"人民电业为人民"的企业宗旨，市场专业服务需要聚焦客户真实体验，构建阳光公开、高效便捷的办电服务模式，形成供需精准对接、满足能源需求、挖掘潜在价值、降低社会能耗、促进产业升级的服务格局，加快传统业务与新技术的融合创新，加强业务流程的优化提速，全面提升客户"获得电力"感知度，推动电力营商环境水平再上新台阶。

一、业扩报装服务规范

（一）业扩报装工作内容和职责

业扩报装是供电企业受理客户电能需求的具体办理环节，属于电力售前服务行为。业扩报装主要工作内容包括：

（1）客户新装、增容和增设电源的用电业务受理。

（2）现场勘查供电条件和用电需求。

（3）根据客户和电网的情况，提出并确定供电方案和受电方案。

（4）方案答复和确定费用。

（5）受（送）电工程设计的审核、受（送）电工程的中间检查及竣工检验。

（6）装设电能计量装置和采集终端。

（7）供用电合同签订。

（8）启动送电。

（9）资料归档。

业扩报装相关岗位职责包括：

（1）负责分管范围内客户的接入方案、受电及内部配电方案的咨询服务工作。

（2）负责分管范围内客户新装、增容业务供电方案的答复、初步设计图纸的审查。

（3）负责分管范围内新装、增容客户用电工程的中间检查、竣工验收和启动送电工作。

（4）负责起草、签订分管范围内新装、增容客户高压供用电合同及其附件，完成客户用电资料的建档。

（5）配合做好分管范围内客户业扩工程中电力设施保护相关工作。

（6）负责协调分管范围内客户业扩工程中的其他相关问题。

（二）业扩报装工作流程

1．前期咨询

前期咨询分为用电业务及政策咨询、电源接入方案咨询、受电及内部配电方案咨询。接到用电客户咨询申请后，客户经理牵头组织相关部门进行现场勘查，审批后根据客户需求书面答复咨询意见。

2．业务受理

客户可通过"网上国网"手机软件、供电营业厅、"95598智能互动网站"等多种报装渠道，提交用电报装申请。供电营业窗口或上门业务受理工作人员指导客户办理用电申请业务，向客户宣传解释政策规定，告知办理用电需提供的资料、办理的基本流程、相关的收费项目和标准。

用电客户可凭主体资格证明一证受理，由客户经理在现场勘查环节补充收取其剩余资料。对前期已收资或通过线上方式共享调用的证照资料，无需重复提供纸质资料。

3．现场勘查

现场勘查前，勘查人员应预先了解待勘查地点的现场供电条件，与客户预约现场勘查时间，组织相关人员进行勘查。勘查时，应重点核实客户负荷性质、用电容量、用电类别等信息，结合现场供电条件，初步确定电源、计量、计费方案。

4．拟订供电方案

电力客户供电方案编制应遵循安全、可靠、经济、合理的原则，满足客户近期和远期对电力的需求，并根据客户用电性质、用电容量、用电需求、发展规划，结合区域电网规划、当地供电条件等因素，进行技术经济比较并与客户协商后确定。

5．答复供电方案

供电方案由客户经理拟订，经审批完成后由营业厅出具"供电方案答复书"，以书面形式对客户申请进行答复。客户经理需做好供电方案的解释说明工作。

供电方案答复同时需告知客户受电工程设计和验收标准。对于有特殊负荷（高次谐波、冲击性负荷、波动负荷、非对称性负荷等）的客户，应书面告知其应委托有资质单位开展电能质量评估，并在设计文件审查时提交初步治理技术方案。

6．设计审查

客户受电工程设计应依照国家、行业标准及供电方案要求进行，设计单位应具备相应的设计资质，设计应符合国家、行业、地方和国家电网公司有关技术规范，主要电气设备和参数应满足安全、经济、合理的要求，不得使用国家明令淘汰的产品等。

7．中间检查

在客户受电工程施工期间，应根据审核同意的设计文件和有关施工技术标准等，对受电工程隐蔽工程开展中间检查，包括施工企业、试验单位是否符合相关资质要求，电缆沟的施工和电缆头的制作、接地装置的埋设等电网安全的隐蔽工程施工工艺、计量相关设备选型等项目，及时发现和纠正不符合相关要求的施工工艺及质量问题。

8．确定费用

对申请新装及增加用电容量的两路及以上多回路供电（含备用电源、保安电源）的用电客户，除供电容量最大的供电回路外，对其余供电回路收取高可靠性供电费用。高可靠性供电费用标准按《关于调整供（配）电贴费标准等问题的通知》（苏价工〔2000〕242 号）附表规定执行，由客户经理计算并在供电方案中列明，由营业厅负责收取。

9．竣工报验

在受理客户竣工报验申请时，应审核客户提交的材料是否齐全有效，主要包括：

（1）高压客户竣工报验申请表。

（2）设计、施工、试验单位资质证书复印件。

（3）工程竣工图及说明。

（4）电气试验及保护整定调试记录，主要设备的型式试验报告。

10．竣工验收

受理竣工报验申请后，应与客户预约检验时间，并及时通知参与工程验收的相关部门，组织开展竣工检验。按照国家、行业标准及客户竣工报验资料，对受电工程涉网部分进行全面检验。发现缺陷时，应以"受电工程竣工检验意见单"的形式，一次性告知客户，复验合格后方可接电。

11．装表

电能计量装置和用电信息采集终端的安装应与客户受电工程施工同步进行，在送电前完成。现场安装前，应根据供电方案、设计文件确认安装条件，并提前与客户预约装表时间。采集终端、电能计量装置安装结束后，应核对装置编号、电能表起始度数及变比等重要信息，及时加装封印，记录现场安装信息、计量印证使用信息，并请客户签字确认。

12．供用电合同签订

根据相关法律法规，按照平等协商的原则，正式接电前与客户签订供用电合同及相关附件。根据国家电网公司下发的统一供用电合同文本，与客户协商拟订合同内容，形成合同文本初稿及附件。对于低压居民客户，精简供用电合同条款内容，可采取背书方式签订，或通过"网上国网"手机软件、移动作业终端电子签名方式签订。

13．送电

正式接电前，应完成接电条件审核，对全部电气设备做外观检查，确认已拆除所有临时电源，并对二次回路进行联动试验。对增容客户，还应拆除原有电能计量装置，抄录电能表编号、主要铭牌参数、停止度数等信息，并请客户签字确认。

接电条件包括：

（1）业扩工程已竣工检验合格。

（2）启动送电方案已审定。

（3）供用电合同及相关协议已签订。

（4）业务相关费用已结清。

（5）电能计量装置、用电信息采集终端已安装并检验合格。

（6）客户电气人员具备上岗资质、客户安全措施已齐备等。

14．资料归档

制定客户资料归档目录，利用系统校验、"95598"热线回访等方式，核查客户档案资料，确保完整准确。档案信息错误或信息不完整的，应发起纠错流程。

档案资料具体内容如下：

（1）低压客户档案资料包括用电申请表、用电人有效身份证明、非本人办理的需经办人授权委托书及有效身份证明、用电地址物业权属证明、供电方案答复单、竣工报告、验收结果通知单、供用电合同、装拆工单。

（2）非重要高压客户档案资料包括用电申请表、用电人有效身份证明、企事业单位法人代表身份证明、用电地址物业权属证明、设计单位资质、施工（试验）单位资质、用电工程项目批准文件、供电方案答复单、竣工报告、交接试验报告、供用电合同及相关协议、装拆工单。

（3）重要高压客户档案资料需增加受电工程设计核查结果通知单、受电工程中间检查结果通知单。

（4）高耗能、高排放行业客户档案资料需增加环境评价报告、固定资产投资项目节能承诺表或节能评估报告等资料。

（三）拟订供电方案应知应会

1. 客户负荷性质的确定

应根据客户对供电可靠性的要求及中断供电后在安全、政治、经济上所造成的损失或影响的程度进行分级，一般可分为一级负荷、二级负荷、三级负荷三个等级。应准确认定用电负荷性质，以便选择恰当的供电方式。

用电负荷分级的划分标准如下：

（1）一级负荷：①中断供电将造成人身伤亡的；②中断供电将发生中毒、爆炸和火灾等情况；③中断供电将使生产过程或生产装备处于不安全状态的；④特殊重要场所不允许中断供电的负荷。

（2）二级负荷：①中断供电将造成重大设备损坏、重大产品报废，连续生产过程被打乱需要很长时间才能恢复等在经济上重大损失的负荷；②中断供电将影响交通枢纽、通信枢纽等客户的正常工作，以及中断供电将造成大型影剧院、大型体育场所等较多人员集中的重要场所秩序混乱的负荷。

（3）三级负荷：除上述一级负荷和二级负荷之外的负荷。

2. 客户重要性等级的确定

根据供电可靠性的要求及中断供电危害程度，将重要电力客户分为特级、一级、二级和临时性重要电力客户。认定标准如下：

（1）特级重要电力客户，指在管理国家事务中具有特别重要作用，中断供电可能危害国家安全的电力客户。

（2）一级重要电力客户，指中断供电可能产生以下后果之一的电力客户：①直接引发人身伤亡的；②造成严重环境污染的；③发生中毒、爆炸或火灾的；④造成重大政治影响的；⑤造成重大经济损失的；⑥造成较大范围社会公共秩序严重混乱的。

（3）二级重要电力客户，指中断供电可能产生以下后果之一的电力客户：①造成较大环境污染的；②造成较大政治影响的；③造成较大经济损失的；④造成一定范围社会公共秩序严重混乱的。

（4）临时性重要电力客户，指需要临时特殊供电保障的电力客户。

3．供电电压等级的确定

供电电压应根据客户用电容量、用电设备特性、供电距离、供电线路的回路数、当地公共电网现状、通道等社会资源利用效率及其发展规划等因素，经技术经济比较后确定。

（1）220V/380V电压等级。

1）客户单相用电设备总容量在16kW及以下时可采用低压220V供电。

2）客户用电设备总容量在200kW及以下或受电容量需用变压器在50kV·A及以下者，可采用低压三相四线制供电，特殊情况也可采用高压供电。

（2）10kV电压等级。

1）凡超过上条规定的客户应采用10kV电压等级供电。

2）客户申请容量在8000kV·A及以下者，宜采用10kV电压等级供电。

3）城区或高新技术（经济）开发区内的客户申请容量超过8000kV·A，且附近无35kV供电条件时，可采用10kV多回路供电。受电变压器（含直配的高压电机）总容量不宜大于20MV·A。

（3）35kV电压等级。

1）客户申请容量在8MV·A以上、30MV·A及以下时，宜采用35kV电压等级供电。

2）客户单回路申请容量在15MV·A及以下时，宜接入现有公用线路。

3）当单回线路供电容量不满足要求时，应合理增加回路数，采用多回路供电。客户申请容量超过15MV·A时可采用双回路供电或新建35kV线路供电。

4）客户申请容量在8000kV·A以下时，如附近有35kV线路且有输送能力，或35kV以直配形式降至400V作为客户受电装置使用，在技术和经济上合理时，应优先考虑接入35kV电网。

（4）110kV电压等级。

1）客户申请容量在30MV·A以上时，宜采用110kV电压等级供电。

2）客户申请容量小于30MV·A且距离电源点大于5km时，经技术经济比较，可采用110kV电压等级供电。

3）单回110kV线路最大允许容量不应超过100MV·A。接入公用线路的客户，应根据所接入线路的导线截面积、线路现有负荷的情况，以及客户申请容量的大小进行验算，原则上该客户接入后，线路负荷不应大于100MV·A。客户申请容量超过50MV·A，应考虑新建线路供电。

（5）220kV及以上电压等级。客户申请容量在100MV·A及以上时，宜采用220kV

及以上电压等级供电。

（6）特殊大客户。对部分大客户（特别是电弧炉项目、化工整流项目、电气化铁路、地铁等客户）应根据接入系统设计评审意见确定供电电压等级。

4．低压客户用电容量的确定

（1）居住区。建筑面积在 120m² 及以下的住宅，基本配置容量为每户 8kW；建筑面积在 120m² 以上、150m² 及以下的住宅，基本配置容量为每户 12kW；建筑面积在 150m² 以上的住宅，基本配置容量为每户 16kW；高档住宅每户基本配置容量不得小于 16kW。

（2）公共服务设施。用电容量应按设备实际容量计算。设备容量不明确时，按负荷密度估算：办公楼为 60～100W/m²，商业区（会所）为 100～150W/m²。

（3）零散居民用户。用电容量按照每户不小于 8kW 确定。

（4）低压电力客户。其用电容量即为该户接装在电能计量装置内的所有用电设备额定容量的总和，包括已接线而未用电的设备。设备的额定容量指设备铭牌上标定的额定容量数值。如果设备铭牌上标有分档使用，容量不同时，应按其中最大容量计算；如果设备上标明的是输入额定电流值而无额定容量值时，可按以下公式计算其用电容量。

1）单相设备。

$$P_n = U_n \times I_n \times \cos\varphi$$

式中　U_n——额定电压，kV；

　　　I_n——额定电流，A；

　　　$\cos\varphi$——功率因数。

2）三相设备。

$$P_n = 1.732 \times U_n \times I_n \times \cos\varphi$$

式中　U_n——额定电压，kV；

　　　I_n——额定电流，A；

　　　$\cos\varphi$——功率因数。

如果设备铭牌上标示的额定容量单位为马力，应折算成千瓦。

5．居住区变压器容量的确定

（1）居住区用电负荷配置系数的确定。居住区用电负荷配置系数是根据居住区内居民住宅总户数的多少来确定的，户数越少，配置系数越大；户数越多，配置系数相应递减，但不得小于 0.5，即配电变压器安装容量应按不小于 0.5 的配置系数进行配置。

（2）居住区变压器容量的选择。在满足低压供电半径要求的前提下，居住区配电变压器的容量应充分考虑居民用电负荷增长的需求，以利于今后增容。配电变压器容量应靠近负荷中心，宜采用容量为 315～500kV·A 的配电变压器。油浸式变压器的容量最大不应超过 630kV·A，干式变压器的容量最大不应超过 1000kV·A。

6．高压客户用电容量的确定

高压电力客户的用电容量即为该户接装在与高压供电系统直接联系的所有变压器、高压电动机等用电设备容量的总和，包括一切冷、热备用和运行的设备。

可采用需用系数法确定变压器容量，即根据客户用电设备的额定容量、负荷特性和行业特点，通过实际用电负荷下的需用系数求出计算负荷，并考虑用电设备使用时的各种损耗等因素，以及国家规定用户应达到的功率因数和用户实际自然功率因数，来确定变压器的容量，计算公式为

$$S = P_j / \cos\varphi = \Sigma P_n K_d / \cos\varphi$$

式中　　S——视在功率，kV·A；

　　　　P_j——计算负荷，kW；

　　　　K_d——需用系数，见表 2-1；

　　$\cos\varphi$——客户的平均功率因数；

　　　ΣP_n——客户需用设备容量总和，kW。

表 2-1　　　　　　　　　　常见工业用电设备需用系数 K_d

用电设备	电炉炼钢	转炉炼钢	机床加工	机械制造	纺织机械	毛纺机械	面粉加工	榨油机
需用系数 K_d	1.0	0.5	0.2～0.5	0.65～0.85	0.55～0.75	0.40～0.60	0.7～1.0	0.4～0.7

7．供电电源数量的确定

电源点应具备足够的供电能力，能提供合格的电能质量，以满足用户的用电需求，确保电网和用户变电所的安全运行。应根据用户的负荷性质和用电需求，来确定电源点的回路数和种类，保证可靠供电。

（1）不同负荷等级对供电电源数量的要求。

1）一级负荷的供电应符合下列规定：①一级负荷应由两个电源供电；当一个电源发生故障时，另一个电源不应同时受到损坏。②重要用户应增设应急电源，并严禁将其他负荷接入应急供电系统。

2）二级负荷的供电电源应符合下列规定：①二级负荷的供电系统宜由两回线路供电。②在负荷较小或地区供电条件困难时，二级负荷可由一回 6kV 及以上专用的架空线路或电缆供电。当采用架空线时，可为一回架空线供电；当采用电缆线路时，应采用两根电缆组成的线路供电，其每根电缆应能承受 100%的二级负荷。

3）三级负荷的用户由单电源供电。

4）由两回及以上供配电线路供电的用户，宜采用同等级电压供电。但根据各负荷等级的不同需要及地区供电条件，亦可采用不同电压等级供电。

5）同时供电的两回及以上供配电线路中一回路中断供电时，其余线路应能承担100%一、二级负荷的供电。

（2）不同用户重要性等级对供电电源的要求。

1）特级重要电力用户应具备三路电源供电条件，其中的两路电源应来自两个不同的变电站，当任何两路电源发生故障时，第三路电源能保证独立正常供电。

2）一级重要电力用户应具备二路电源供电条件，两路电源应来自两个不同的变电站，当一路电源发生故障时，另一路电源能保证独立正常供电。

3）二级重要电力用户应具备双回路供电条件，供电电源可以来自同一个变电站的不同母线段。

4）临时性重要电力用户应按照供电负荷重要性，在条件允许情况下，通过临时架线等方式具备双回路或两路以上电源供电条件。

5）重要电力用户供电电源切换时间和切换方式要满足重要电力用户允许中断供电时间的要求。

8．供电方式的确定

供电方式一般分为单电源供电、双电源供电和多电源供电。

（1）双电源用户有以下两种受电方式。

1）两回路同时受电。

①两回路同时受电，互为备用，当一路电源失电后，分段开关自动投入，适用于允许极短时间中断供电的一级负荷。

②两回路同时受电，互为备用，当一路电源失电后，分段开关经操作后投入，适用于允许稍长时间（手动投入时间）中断供电的一、二级负荷。

2）一路正常主供电，另一路作备用。

①主供电源失电后，备用电源自动投入，适用于允许极短时间中断供电的一级负荷。

②主供电源失电后，备用电源经操作投入，适用于允许稍长时间（手动投入时间）中断供电的一、二级负荷。

（2）变压器台数应根据负荷特点和经济运行进行选择。当符合下列条件之一时，宜装设两台及以上变压器：①具有一级或二级负荷；②季节性负荷变化较大；③集中负荷较大。

（3）用户计量方式的确定，应符合下列规定：

1）受电变压器容量在 630kV·A 及以上的电力用户应采用高供高计方式。

2）受电变压器容量在 315～500kV·A 电力用户宜采用高供高计方式。

3）受电变压器容量在 315kV·A 以下的电力用户应采用高供低计方式。

4）单电源装设两台及以上变压器的电力用户应采用高供高计方式。

9．电气主接线方式的确定

电气主接线方式主要有桥型接线、单母线、单母线分段、双母线、线路变压器组等。

（1）110kV、220kV 用户变电所可采用的主接线方式。

1）当供电线路为两回及以下时，宜采用桥形、线路变压器组接线；超过两回时，宜采用扩大桥形、单母线或分段单母线的接线。

2）当变电所装有两台变压器时，6～35kV 侧宜采用分段单母线。出线为 12 回及以上时，亦可采用双母线。当不允许停电检修断路器时，可设置旁路设施。

3）当 6～35kV 配电装置采用移开式高压开关柜时，不宜设置旁路设施。

（2）35kV 及以下用户变电所可采用的主接线方式包括：①内桥接线；②分段单母线接线；③单母线接线；④线路变压器组接线。

10．重要电力用户的供电方式

具有保安负荷要求的重要电力用户，在配置符合其重要等级要求的供电电源的前提下，还应配置自备应急电源，确保在外部电源全部失电后，各类应急设备、应急照明设施、消防设施等正常、可靠供电。

重要用户自备应急电源装置配置原则如下：

（1）容量满足负荷要求，自备应急电源配置容量标准必须达到一、二级负荷的 120%。

（2）启动时间满足安全要求。

（3）为防止在电网停电时客户自备发电机组向电网倒送电，无论是新投入还是已投入运行的自备发电机组，客户端均应配备自动或手动转换断路器（电气、机械），实现发电机和电网之间的闭锁和互投功能，防止发生向电网倒送电事故。

11．无功补偿方案的确定

无功电力应就地平衡，100kV·A 及以上高压供电的电力用户在高峰负荷时的功率因数不宜低于 0.95；其他电力用户和大、中型电力排灌站、趸购转售电企业，功率因数不宜低于 0.90；农业用电功率因数不宜低于 0.85。

电容器的安装容量应根据客户的自然功率因数计算后确定。当不具备设计计算条件时，35～220kV 变电所可按变压器容量的 10%～30% 确定；10kV 变电所可按变压器容量的 20%～30%确定。

12．继电保护配置方案的确定

客户变电所中的电力设备和线路应装设反应短路故障、异常运行的继电保护和安全自动装置，满足可靠性、选择性、灵敏性和速断性的要求。客户变电所中的电力设施和线路的继电保护应有主保护、后备保护和异常运行保护，必要时可增设辅助保护。保护方案具体配置要求可参考如下。

（1）进线保护的配置。

1）110kV 及以上电压等级进线保护的配置,应根据经评审后的二次接入系统设计确定。

2）35kV 进线装设延时速断及过电流保护。

3）20kV 低电阻接地系统，进线装设速断或延时速断、过电流，二段零序电流保护及延时失电压保护。

4）10kV 进线装设速断或延时速断、过电流保护及延时失电压保护。

（2）主变压器的保护配置。

1）0.4kV·A 及以上车间内油浸式变压器和 800kV·A 及以上油浸式变压器，均应装设瓦斯保护。

2）电压在 10kV 及以下、容量在 10MV·A 及以下的变压器，采用电流速断保护和过电流保护分别作为变压器的主保护和后备保护。

3）电压在 10kV 以下、容量在 10MV·A 及以上的变压器，采用纵差保护和过电流保护（或复合过电流）分别作为变压器的主保护和后备保护。对于 10kV 的重要变压器，当电流速断保护灵敏度不符合要求时也可采用纵差保护作为变压器主保护。

4）220kV 主变压器除非电量保护外，应采用双重化保护配置，即两套完整、独立的主保护和后备保护。

13．电能计量方案的确定

（1）电能计量装置的设置应符合下列规定：

1）资产（责任）分界点在供电方变电站时，除在资产分界处装设电能计量装置外，还应在客户变电所装设电能计量装置。

2）电能计量装置宜装设在进线断路器之前。

3）双回路供电的电力用户应分别安装电能计量装置。

4）Ⅰ类电能计量装置宜采用主、副电能表计量方式，副电能表的规格、准确度等级应与主电能表相同。

（2）电能计量装置的接线方式应符合下列规定：

1）接入中性点非有效接地系统的电能计量装置，宜采用三相三线接线方式。

2）接入中性点有效接地的电能计量装置，应采用三相四线接线方式。

3）为防止窃电行为发生，确保计量准确性，宜装设防窃电模块。

（四）设计审查应知应会

1．供电方式审查要点

（1）双电源（双回路）供电的重要用户，必须在电源进线侧装设机械闭锁或电气闭锁装置。

（2）重要电力用户供电电源的切换时间和切换方式应满足重要电力用户允许中断供电时间的要求。

（3）重要用户以及一级负荷用户，应在变压器低压侧分段断路器处装设自动投入装置。备用电源自动投入装置应具有保护动作闭锁的功能。其他负荷性质用户，不应装设自动投入装置。10～220kV 电源侧进线断路器处，不宜装设自动投入装置。

（4）重要电力用户内部受电工程设计时，应将重要负荷与其他负荷予以区分，并分开配电。

（5）重要电力用户的保安负荷应实现末端自动切换，其他重要负荷宜采用末端自动切换，切换装置应闭锁（电气、机械）可靠。6～35kV 变电所 0.4kV 侧可装设具有故障闭锁及带零位的电源自动转换系统（ATS）。

2．电气主接线审查要点

（1）高压侧电气主接线应符合下列规定：当线路为两回及以下时，宜采用桥形、线路变压器组、单母线接线方式；超过两回时，宜采用扩大桥形、单母线或分段单母线的接线方式。

（2）低压侧电气主接线应符合下列规定：

1）低压侧为分段单母线接线，二段母线之间设置分段断路器。

2）消防设备的电源应由低压二段母线分别引至设备地点，在线路末端装设 ATS。

3）10～35kV 重要或规模较大的变电所，宜在电源进线断路器之前装设所用变压器。当有两回路所用电源时，宜装设备用 ATS。110～220kV 变电所，应在 6～35kV 侧母线上设置所用变压器，也可和接地变压器合用。

4）应根据自备应急电源的类型、数量，设置应急电源配电装置，以确保一、二级负荷的供电。

3．高压配电装置审查要点

（1）变压器型号、容量及联结组别应符合要求。

（2）应选用节能环保型、低损耗、低噪声变压器，并符合 GB 20052—2020《电力变压器能效限定值及能效等级》中"配电变压器目标能效限定值"能效二级及以上的要求。

（3）应根据变电所所处环境条件选用干式变压器或油浸式变压器。

（4）高压开关柜内的电气设备应选用无油化的产品。

4．低压配电装置审查要点

（1）不宜在低压进线断路器、分段断路器装设瞬动型欠电压脱扣装置。当用户需要装设时，应提供书面依据，作为电气设计和图纸审查的依据，并进行存档。欠电压脱扣装置应具备带时限和电压波动范围整定的功能。

（2）对连续性用电要求较高的出线及特别重要的负荷回路，配置动作于信号的电子过电流脱扣装置。

5．电能计量装置审查要点

（1）应配置符合国家标准的专用电能计量柜或专用计量（电能表）屏。

（2）采用移开式结构的专用电能计量柜应符合下列规定：

1）电流、电压互感器和电能表均装设在手车上。

2）电流、电压互感器采用固定式安装时，电压互感器熔断器装设在手车上，电能表装设在仪表室。

3）移开式（抽出式）成套配电装置也可以采用固定式电能计量柜。

（3）双电源（回路）供电的重要用户应分别安装电能计量装置。

（4）电压、电流互感器变比、准确等级等应符合供电方案要求。

（5）10（6）kV、35kV 测量、保护用电压互感器的选择应符合下列规定：变电所宜选用全绝缘结构型式的互感器；采用 V/V 接线；当采用 Y/Y 接线时，中性点应经消谐电阻接地或中性点不接地；20kV 低电阻接地系统宜选用全绝缘结构型式的互感器，采用 Y/Y 接线。

6．继电保护、二次回路及自动装置审查要点

（1）进线保护应配置速断或延时速断、过电流、二段零序电流保护（低电阻接地系统）及延时失电压保护。

（2）变压器保护应配置过负荷、过电流、速断或差动、瓦斯、温度、压力释放、零序电流保护（低电阻接地系统）。

（3）分段断路器宜设置充电保护。

（4）双电源变电所应具有防止倒送电的电气机械闭锁回路，断路器应装设闭锁控制开关。

（5）电气防误操作的二次回路应满足变电所在各种运行方式情况下的防误操作

功能。

（6）备用电源自动投入装置应符合下列规定：

1）应在变压器低压侧的分段断路器处装设自动投入装置。

2）低压备用电源自动投入装置应具有保护动作闭锁及带零位的电源自动转换系统（ATS）。

3）10kV 侧不宜装设自动投入装置。确需装设时，应具备保护动作闭锁"备自投"的功能。

7．无功补偿装置审查要点

（1）无功补偿装置应设置在变压器低压侧。

（2）0.4kV 无功补偿装置应具有过零自动投切功能，宜采用分相补偿或混合补偿，实施等容量或不等容量分组循环自动投切。当采用混合补偿时，分相补偿容量不得小于总补偿容量的 40%。

（3）具有冲击性负荷、三相不平衡负荷、谐波含量严重的电力客户，应采用具有抑制谐波和涌流功能的无功补偿装置。

（4）由于中低压电网谐波污染日趋严重，为确保电能质量，对具有非线性负荷等低压设备也应采取治理谐波的措施，宜采用低压静止型动态无功补偿装置（SVC）。

8．平面布置审查要点

（1）控制室的布置要有利于防火、有利于紧急事故时人员的安全疏散。当控制室长度超过 7m 时，出入口不应少于两个。

（2）高压配电室内成排布置的高压配电装置各种通道的最小宽度应符合要求。

（3）高压配电装置宜单独设置高压开关室。当 6～20kV 开关柜在 10 面及以下时（楼宇内变电所为 6 面及以下时），也可与低压开关柜设置在同一房间内。开关柜的屏面宽度、深度尺寸、开关参数等应符合要求。

（4）配电装置的长度大于 6m 时，其柜（屏）后通道应设两个出口。当低压配电装置两个出口间的距离超过 15m 时应增加出口。

（5）GIS 两侧应设置安装检修和巡视通道，主通道宜靠近断路器侧。

（6）在变压器室宽面推进时，当高压侧采用电缆连接时，变压器低压侧一般应向外；窄面推进时，储油柜宜向外。

（7）油浸式变压器外廓与变压器室四壁的净距：1000kV·A 及以下的与后壁、侧壁距离为 600mm，与变压器室大门距离为 800mm；1250kV·A 及以上的与后壁、侧壁距离为 800mm，与变压器室大门距离为 1000mm。

（8）设置于室内的干式变压器，其外廓与四周墙壁的净距不应小于 600mm，干式变压器之间不应小于 1000mm。

（9）变压器布置型式：800kV·A 及以上的宜采用高式布置；800kV·A 以下的宜采用低式布置。干式变压器容量在 2000kV·A 及以下时，可以与配电装置同室布置。

（10）35kV 及以上主变压器室宜靠近变压器低压侧配电装置室。

（11）35kV 及以上变（配）电所应设置值班室、休息室、备品备件室、卫生间、洗浴室及空调设施。当为无人值班时，可取消值班室、休息室、洗浴室。20kV 及以下的变（配）电所宜设置单独的值班室；当有低压配电装置时，值班室可与低压配电装置室合并。高压配电装置室与值班室直通或经过走廊相通。

9．接地系统审查要点

（1）户外变电所设置人工接地网，接地电阻不大于 4Ω。

（2）户外变电所独立避雷针应设独立的接地装置，接地电阻不大于 10Ω，与接地网的距离不小于 3m。

（3）GIS 配电装置宜采用多点接地方式，感应电压不应危及人身和设备安全。外壳和支架上的感应电压在正常运行条件下不应大于 24V，在故障条件下不应大于 100V。

（五）中间检查应知应会

1．隐蔽工程检查要点

（1）位于配电装置室底层地面的电缆沟，应采取防水、排水措施。

（2）电力电缆沟的尺寸需校核，应满足电缆曲率半径的要求，深度不宜小于 1000mm。

（3）控制电缆沟的尺寸需校核，深度不宜小于 300mm。

（4）配电装置室的电缆进出口孔洞及楼板和墙壁或门下的孔隙，均应密封。防小动物的铁丝网眼不得大于 10mm×10mm。

（5）电缆沟盖板应齐全、平整。

（6）接地装置配置原则。

1）接地装置的人工接地体，导体截面积应符合热稳定、均压和机械强度的要求，还应考虑腐蚀的影响。

2）接地体（线）的连接应采用焊接，焊接必须牢固，无虚焊。

3）明敷的接地线在导体的全长度或区间段及每个连接部位附近表面，应涂以 15～100mm 宽度相等的绿色、黄色相间的条纹标识。当使用胶带时，应使用双色胶带。

4）中性线宜涂淡蓝色标识。

2．土建部分检查要点

（1）变电所围墙配置原则。

1）35kV 及以上露天式、半露天式变（配）电所应设置 2.2～2.8m 的实体围墙。

2）20kV 及以下露天式、半露天式变（配）电所应设置不低于 2.0m 的实体围墙。变压器外廓与围墙的净距不应小于 0.8m，变压器底部距地面不应小于 0.3m，相邻变压器外廓之间的净距不应小于 1.5m，并应在醒目的位置设置警示牌。

（2）所内道路配置原则。

1）35～220kV 变（配）电所内道路宽度应不小于 3.5m。

2）220kV 变（配）电所内的大门至主控制楼、主变压器的主干道可加宽至 4.5m。

3）变（配）电所所区地面应有适当坡度以利排水。变（配）电所四周应设排水沟或截水沟，靠山时应设挡土墙。

4）变（配）电所所区内的建筑物标高、基础埋深、路基和管线埋深应互相配合。建筑物内地面标高，宜高出屋外地面 0.3m 及以上。屋外电缆沟顶边宜高出地面 0.1m。电缆沟位于地下水位以下时，应有防水及排水措施。沟道与通行车辆的道路交叉处应采取加固措施。

5）变（配）电所内应设巡视小道，可利用电缆沟盖板作为部分巡视小道。

6）屋外配电装置带电部分的上面或下面，不应有照明、通信和信号线路架空穿越或穿过；屋内配电装置的带电部分上面不应有明敷的照明、动力线路或管线跨越。

7）配电装置室的耐火等级不应低于二级。配电装置室的顶棚和内墙硬座涂料处理。地（楼）面宜采用高标号水泥抹面并压光，有条件时也可采用水磨石地面。GIS 配电装置室可采用水磨石地面。

8）配电装置室有楼层时，其楼面应有防渗水措施。

9）变压器的吊芯检查、电气设备元件安装前的特性校验等符合要求。

（六）竣工验收应知应会

1．变电所所区部分验收要点

（1）变电所建筑物应满足防雨雪、防汛、防火、防小动物（老鼠）、通风良好（简称"四防一通"）的要求。变电所建筑应有消防通道。

（2）变电所门的配置原则。

1）门的宽度应不小于 0.8m，高度应不低于 1.9m，并满足设备运输的要求。

2）应为向外开的防火门，并配有纱门。相邻配电装置室之间如有门时，应能向两个方向开启。

3）应装弹簧锁，严禁用门闩，并应装设门禁措施。

4）变电所的门上应写明功能名称（如 10kV 开关室、工器具室等）。

（3）变电所采光窗的设置要求：

1）高压配电室宜增设不能开启的自然采光高窗。

2）低压配电室可增设能开启的自然采光窗并配纱窗。

3）配电室临街道一面不宜开窗。

（4）变电所照明配置原则。

1）应采用高效光源及高效灯具。照明设备的安装位置应便于维修。照明灯具不应设置在配电装置的正上方。屋外配电装置的照明应根据场地大小合理布置。在控制（值班）室主要监屏位置和屏前工作位置观察屏时，不应有明显的反射炫光和直接炫光。

2）供电时间不小于1h事故应急照明。

2．控制室部分验收要点

（1）控制室内应设有与电气主接线相符的模拟操作图板。

（2）在离保护等屏800mm处的地面上应装饰有警戒线。警戒线的颜色应为黄色，线宽50mm。

（3）屏的安装应采用螺栓固定方式，不应采用焊接的固定方式。

（4）应预留远动装置及通信接口的安装位置。

3．高压室部分验收要点

（1）屋内外配电装置均应装设闭锁装置及机械防误装置。屋外应达到"四防"，屋内应达到"五防"。220kV及以下屋内配电装置设备低式布置时，间隔应设置防止误入带电间隔的闭锁装置。

（2）屋外配电装置带电部分的上面或下面，不应有照明、通信和信号线路架空穿越或穿过；屋内配电装置的带电部分上面不应有明敷的照明、动力线路或管线跨越。

（3）配电装置的布置应考虑便于设备的操作、搬运、检修和试验。

（4）配电装置室宜采用自然通风。当不能满足工作地点对温度的要求或发生事故而排烟有困难时，应装设足够的机械通风装置。

（5）开关柜的配置原则。

1）本体应有铭牌，柜体前后标有双重名称编号，柜体正面有主接线图。

2）开关柜上应有观察窗，应能观察到断路器等的实际工况。

3）柜上仪表应有检验合格证。仪表的配备精度应符合要求。带电显示器应完好。

4）开关柜的分合闸指示应正确：指示灯在上，分合闸按钮在下，红灯合闸显示，绿灯分闸显示，绿色合闸按钮，红色分闸按钮，黄灯储能；试验位置和工作位置显示正确。

5）开关柜上的保护压板应按要求设置。

6）开关柜不宜与基础型钢焊死。基础型钢安装后，其顶部宜高出抹平地面10mm。

基础型钢应在两端可靠接地。开关柜基础槽钢两点与主接地网连接。

7）柜的接地应牢固良好。成列开关柜的接地母线应有两处明显的与接地网可靠连接点。成套柜应装有供检修用的接地装置。开关柜门均用软铜线与柜体连接接地。

（6）开关柜一次部分。

1）柜内一次电气回路有相色标识。

2）开关柜内断路器、TA 型号等一次设备参数与图纸相符。

3）开关柜内元件电气距离应合格。

4）开关小车开关拉出后，活门隔板应完全关闭。

5）电缆型号正确、相色标志齐全；电缆应有标牌；电缆绝缘层的接地用铜绞线或镀锡铜编织线，截面积不小于 16mm^2；电缆应采用冷缩头。

6）SF$_6$ 断路器气体压力无异常。低位应有气体检测仪，应有排风措施。

（7）开关柜二次部分。

1）开关柜保护定值核对、投退保护软压板核查正确。

2）导线束捆扎固定点的距离：垂直敷设不大于 200mm；水平敷设不大于 150mm。

3）二次小断路器分路控制正确（保护装置电源、操作电源、储能电源、加热及照明等）并悬挂标牌。

4）端子排的排列按交流电流回路、交流电压回路和直流回路等成组排列。

5）二次回路相对标号。

6）二次接地（TV 的接地，TA 二次只能有一个接地点，经端子接地，控制电缆屏蔽层的接地）。

（8）遮拦配置原则。

1）遮拦门应装锁，并与变压器高压进线断路器防误闭锁。

2）遮拦应有可靠接地。遮拦门也应可靠接地，并与遮拦用软接地线连接。

3）遮拦应向外开门，并开在变压器低压侧。

4）遮拦上应悬挂变压器的双重名称牌，并挂有"止步，高压危险！"的警示牌。

5）配电装置中电气设备的栅状遮拦高度不应小于 1.2m，栅状遮拦最低栏杆至地面的净距不应大于 0.2m。配电装置中电气设备的网状遮拦高度不应小于 1.7m，网状遮拦孔不应大于 40mm×40mm。栅栏或围栏的门应装锁。

6）在安装有油断路器的屋内间隔内除设置网状遮拦外，对就地操作的断路器及隔离开关，应在其操动机构处设置防护隔板，宽度应满足人员操作范围，高度不低于 1.9m。

4．变压器部分验收要点

（1）当变电所为全户内型式时，35kV 及以上变压器应单独设置变压器室。

（2）变压器室的门、栅栏门应写有或悬挂"止步，高压危险！"的标示牌。多台变压器及变压器室应统一标注名称、编号，并将其清楚地标识在变压器室的门或栅栏上。

（3）变压器室宜采用自然通风，并在底部进风。当自然通风无法满足通风要求时，可增设机械通风装置。变压器室的通风系统不应与其他通风系统相连通。

（4）油浸式变压器的安装要求。

1）油浸式变压器从变压器室宽面推进时，变压器低压侧一般应向外；从窄面推进时，储油柜侧宜向外。

2）变压器的铭牌、温度计、油位指示计应朝向巡视通道，便于巡视。

3）应检查变压器铭牌，其中型号、冷却方式、阻抗、接线组别、电压挡位等应与图纸一致。

4）吸湿器与储油柜间连接管的密封应良好，干燥剂处于干燥状态，油封内油位应在油面线上。

5）变压器的油位指示计上应刻有表示使用地点最高周围温度时（＋40℃）、正常周围温度时（＋20℃）和最低周围温度时（－30℃）的油面线。

6）密封式变压器或 800kV·A 及以上的变压器均应装有压力保护装置，其触点宜作用于信号。安装压力释放保护装置时应注意方向，喷油口不要朝向邻近的设备，其出口宜引至贮（储）油坑的排油口处。压力释放阀要处于打开状态，防爆管的呼吸孔畅通，防爆膜完好。

7）分接开关调挡应正常。

8）装有气体继电器的变压器，应使其顶盖沿气体继电器气流方向有 1%～1.5%的升高坡度（制造厂规定无须安装坡度者除外）。当与封闭母线连接时，其套管中心线应与封闭母线中心线相符。

9）气体继电器与储油柜之间的油管上阀门应打开。气体继电器应水平安装，观察窗应便于检查，指示用的箭头符号应指向储油柜。

10）油浸式变压器所有法兰连接应用耐油材料制成的密封垫（圈）密封，不得有渗漏现象；所有焊缝焊接良好，不得有渗油、漏油现象。

11）变压器应设置贮（储）油坑，贮（储）油坑的长、宽尺寸可按比设备外廓尺寸每边相应大 1m 计算。贮（储）油坑的四周应高出地面 100mm。贮（储）油坑内宜铺设厚度不小于 250mm 的卵石层，卵石直径宜为 50～80mm。

12）油变压器室采用防爆灯。

（5）干式变压器的安装要求。

1）所有紧固件紧固，绝缘件完好。

2）金属部件无锈蚀、无损伤，铁芯无多点接地。

3）绕组完好，无变形、无移位、无损伤，内部无杂物，表面光滑无裂纹。

4）引线、连接导体间和对地的距离符合国家标准的规定或合同要求，裸导体表面无损伤、毛刺和尖角，焊接良好。

5）规定接地的部位有明显的标志，并配有符合标准的螺帽、螺栓（就位后即行接地，器身水平固定牢固）。

6）温度控制、温度显示装置设在明显位置，以便于观察。温度探针应置于低压绕组内侧。

（6）接地部分。

1）变压器室接地排引至基础槽钢。

2）变压器外壳接地位置应有明显标识。

3）变压器中心点接地应单独敷设，并应与变压器外壳共同可靠接地。

4）铁芯接地排应固定在瓷绝缘子上，不可与外壳相连。

5．运行管理部分验收要点

（1）应配备 DB32/T 1701—2010《高压电气装置规程》、DB32/T 1702—2010《电力用户变电所运行规程》及相关国家标准和行业标准。

（2）应参照国家标准、行业标准、江苏省地方标准，结合变（配）电所具体情况制定现场工作规程、新装用户变电所（站）的倒闸操作、运行检修规程和管理等制度，建立各种运行记录簿，备有操作票和工作票。

（3）应备有以下图纸。

1）变（配）电所一、二次设备与实际相符的竣工图。

2）高压电气设备出厂技术文件、资料和产品使用说明书。

3）电缆敷设竣工图（包括用途、走向、型号、截面积等）。

（4）应备有一套全站设备技术资料和调试报告。

（5）应具备下列用具和器材。

1）各种安全用具、临时接地线、各种安全标示牌及其他常用工具。

2）常用的携带型仪表，包括绝缘电阻表、万用表、直流电桥等，有条件时应备有远红外测温仪。

3）便携式应急照明、手电筒等。

4）消防器材。

5）应根据设备的具体情况，备有备品、备件。

（6）应根据相关文件要求配置足量电工，其中重要电力客户在满足基本配置要求前提下，应配备专职电工至少 4 人。

6．其他应检查的部分

（1）冲击负荷、非对称负荷及谐波源设备的治理措施。

（2）双电源闭锁装置的可靠性。

（3）自备应急电源接入和管理的规范性。

（4）高危及重要电力客户保安电源、非电性质的保安措施，以及保证安全用电的技术措施，应符合重要电力客户供电电源及自备应急电源配置技术规范。

（5）充电桩接入点电能质量情况。

（6）分布式光伏、储能装置配置情况，并网点设置情况，应符合光伏系统并网技术要求、储能系统接入电网技术规定等国家标准。

（7）无功补偿装置配置情况。

二、用电检查工作服务规范

（一）用电检查工作简介

用电检查指电力企业为了维护正常的供用电秩序，保障供用电安全，以国家有关电力供应与使用的法律法规、方针政策和电力行业标准为准则，针对电力检查对象开展的用电安全、用电计量、用电质量、用电隐患、电力营销等各方面的检测、管理及评估活动。

1．用电检查主要工作内容

（1）检查客户执行国家有关电力供应与使用的法规、方针、政策、标准、规章制度情况。

（2）对客户业扩报装在建受电工程施工质量进行中间检查和竣工验收检查。

（3）检查客户受电装置电气设备安全运行情况。

（4）检查客户有关电气设备检修、试验和配电线路运行维护情况。

（5）检查电能计量装置、用电采集装置、继电保护和自动装置、调度通信等安全运行情况。

（6）检查并网电源安全运行情况。

（7）检查客户自备电源装置运行、检验情况和非电性质的保安措施。

（8）检查供用电合同及有关协议履行的情况。

（9）检查客户进网作业电工的资格、进网作业安全状况及作业安全保障措施。

（10）检查客户供电应急预案编制、演练及反事故措施制定情况。

（11）检查客户受电端电能质量状况。

（12）检查客户计划用电、节约用电执行情况。

（13）检查客户是否存在违约用电和窃电行为。

２．用电检查相关岗位职责

（1）宣传并贯彻国家有关电力供应与使用的法规、方针、政策、标准、规章制度。

（2）负责对客户电气设备运行情况进行安全检查。

（3）负责客户受（送）电装置工程电气图纸审查和电气施工质量检验。

（4）负责组织客户进网作业电工业务培训。

（5）组织并网电源的并网安全检查，对检验合格的予以并网许可。

（6）参与客户电气事故的调查，撰写相关调查报告。

（7）根据实际需要，定期或不定期地对客户的安全用电、计划用电、节约用电状况进行监督检查。

（8）负责有序用电措施的推广应用。

（9）负责安全用电知识宣传和普及教育工作。

（10）建立健全客户用电检查档案资料，并及时予以核实、更新维护。

（二）现场检查工作内容

１．现场检查的类别和内容

（1）周期性检查。周期性检查就是按照周期对客户执行有关电力法律法规、履行供用电合同、电气运行管理、设备安全状况及电工作业等多方面进行用电检查。检查周期如下：

1）35kV 及以上电压等级的客户，每 6 个月至少检查 1 次。

2）高压（高供高计）客户，每 12 个月至少检查 1 次。

3）低压双电源、100kW（kV·A）及以上客户（含高供低计），每 24 个月至少检查 1 次。

4）重要电力客户，每 3 个月至少检查 1 次。

5）10kV 及以上电压等级的临时用电客户，每 12 个月至少检查 1 次。

6）临时用电每季度检查 1 次。

（2）专项检查。专项检查指根据需要对某一事项进行的客户侧现场专项检查工作，应针对专项检查任务的特殊性和时效性，在专项检查任务开始前，编制专项检查计划，分配至各用电检查组。专项用电检查周期如下：

1）国家法定节假日专项检查每年每项至少 1 次，包括春节、元旦、"五一"、国庆节。

2）春、秋季安全用电专项检查每年每季 1 次，迎峰度夏防汛泵站安全用电检查每年 1 次。

3）高考、中考保供电专项检查每年每项至少1次。

4）各级政府组织的大型政治活动、大型集会、庆祝、娱乐活动及其他特殊活动需要临时特殊供电保障的，根据活动要求开展安全用电检查。

（3）季节性安全检查。

1）春季安全用电检查。每年春季应有针对性地对高危及重要客户，低洼地区、雷暴地区的客户防雷、防汛、防涝等情况进行专项检查，重点检查客户受电设施的防雷情况、防漏水及排水情况。

2）秋季安全用电检查。每年秋季应有针对性地对客户受电设施的预防性试验、防小动物措施、防火措施等情况进行专项检查，重点检查设备电气试验情况、继电保护装置和安全自动装置、防小动物措施、消防设施配置等情况。

（4）保供电特巡检查。保供电特巡检查是根据上级通知或客户保供电申请，对重大事件、重要政治任务、重大社会活动、重要会议、重要节日、文化教育、军事活动、抗灾等必须确保供电的客户，在相应范围内进行的专项用电检查。

2．用电检查程序与要求

（1）检查前准备。

1）实施现场检查时，用电检查员的人数不得少于2人。

2）现场用电检查前应携带用电检查工作单，掌握检查客户的基本档案信息与用电情况，明确检查任务、内容与要求。

3）用电检查人员至现场检查时应统一着装（配合反窃电侦查除外），着装要求按有关文件要求执行。

（2）现场检查。

1）用电检查人员在执行现场检查任务时，应向被检查的客户出示"用电检查证"，主动说明工作主要内容，要求客户派员随同检查。

2）用电检查人员必须遵纪守法、依法检查、廉洁奉公，不徇私舞弊，不以电谋私。

3）用电检查人员在执行现场检查时，必须遵守《电力安全工作规程》及客户现场安全工作规定，不得在检查现场替代客户进行电工作业。

4）现场检查的内容。

a．核对客户基本情况，包括：①客户户名、地址、主管单位、负责人、电气主管及其联系方式、电工负责人及其联系方式、变（配）电室值班电话、受电电源、设备编号、一次设备的主接线、供用电合同。②主要设备参数，如一次侧断路器、隔离开关、变压器容量、TA变比、TV变比等。③电容器的安装和投运情况。④生产班次、生产工艺流程、负荷构成和负荷变化情况等。

b．供电电源的检查。主要检查客户主备电源配置、自备应急电源配置、非电性质保安措施是否满足供用电安全要求。检查客户双电源、自备发电机联锁装置的可靠性和防止反送电的安全措施和组织措施，防止客户事故影响电力系统安全运行的情况发生，危及人身安全。

c．受电设施的检查。主要检查客户的一、二次设备及附属设施的运行状况。检查客户无功补偿设备投运情况，督促客户达到规定的功率因数标准。督促客户对国家明令淘汰的设备和小于电网短路容量要求的设备进行更新改造。

d．计量装置的检查。主要检查客户计量装置配置是否满足当前运行要求，计量装置接线是否正常，铅封、封印是否齐全、完好，是否存在计量异常。

e．运行管理的检查。主要检查客户预防性试验、进网作业电工配置、各种运行管理规章制度及执行情况、变配电室运行环境、安全防护工器具及消防器材的配备、客户侧中断供电应急预案等。掌握客户供用电安全状况，协调解决供电安全问题，存在问题及时向地方政府汇报备案。

f．供用电合同及相关协议履行情况的检查。包括核对容量、用电性质，以及是否存在违约用电、窃电行为，是否有私自转供或引入电源，是否私自将冷备用变压器转为热备用等。

g．指导客户做好有序用电，包括指导客户开展有序用电并检查其执行情况。

h．配合客户受电端电能质量检查，督促客户针对冲击性、非线性、非对称性负荷采取相应的治理措施。

（3）检查后处理。

1）经现场检查确认客户的设备状况、电工作业行为、运行管理等方面有不符合安全规定的，用电检查人员应向客户书面开具"用电检查结果通知书"一次性告知其在用电安全中存在的隐患或缺陷、整改要求和时限。

2）对高危及重要客户的检查，应遵循服务、通知、报告、督导"四到位"的要求。

3）现场检查客户存在违约用电、窃电行为的，应要求客户立即停止违约、窃电行为，并书面下发"用电检查结果通知书"，通知客户于限期内到供电企业交纳补收电费及违约使用电费。客户在期限内未履约处理者，供电企业可根据《供电营业规则》第六十六条对客户中止供电。

4）对需执行现场停电的，应履行审批手续，按相关规定通知客户后执行。对客户实施停电的信息，应做好与"95598"和相关岗位信息的报备。

（三）电力保障工作内容

电力保障指供电企业受理客户提出的高可靠性电力保障申请后，为满足客户特殊用电需求而提供的一系列保障电力持续、稳定不间断供应的服务，简称保电。电力保障工作主要分为保电准备、保电实施、保电评价三个阶段。

1．保电准备阶段

在保电准备阶段，应以全面梳理问题、开展用电安全隐患排查、制定工作标准及工作方案、制定并完善总体和单项专业的应急预案、开展测试演练为工作重心，建立并完善供电保障体系，明确职责分工及工作流程，开展各项供电保障工作。

（1）保电需求汇总。主动对接客户需求，明确保电分级、保电时段、保电场所清单等。

（2）保电前期勘察与检查。针对保电需求，组织开展现场勘查与检查工作，主要内容包括：

1）开展高、低压电气设备（含一次、二次设备，直流装置，EPS/UPS 等应急电源，发电机等自备电源）的运行状况、安全隐患、反事故措施、设备标识及安全警示牌的检查。

2）开展电气设备运行环境的检查，重点检查高、低压配电房门窗封闭、安全警示及标识、防小动物措施、照明、防渗漏及凝露等。

3）开展对安全工器具配备的检查。开展季节性专项检查，针对保电时段可能出现的极端恶劣气象条件重点检查相关设备。

4）检查各高、低压配电房，电气设备区域灭火设施、器具配置情况（包括数量、质量）；检查低压配电屏、柜、箱内出线电缆是否存在接头虚接、电缆外皮磨损等情况，有无存在过负荷情况；检查电缆夹层、桥架及沟道防火封堵情况；检查防火剩余电流动作报警系统。

5）对通用与深度排查过程中发现的问题，应开具"安全用电检查结果通知书"交客户签收。对发现的重大安全隐患或缺陷，应及时书面报送举办方、政府相关部门备案。

（3）建立并核查电气资料档案。

1）建立场馆电气资料档案管理、查阅、保管等管理制度，做到一馆一档。场馆团队应根据场馆内部情况变化，及时更新资料内容，确保档案中电气资料的完整、准确。

2）收集、汇总各项测试报告，报告内容应详细、准确。交接试验、预防性试验报告齐全，大负荷测试报告数据全面。各类报告统一存放，便于查阅。

（4）编制客户侧保电方案。客户侧保电方案应包括组织机构及职责、保电范围、保电时间、阶段划分、重点工作计划、客户侧保电指挥等内容。方案内容要全面，数据及图纸应详尽准确，并及时更新。

客户侧保电方案应经所在单位安监、运检、调控、信通等相关专业部门审核，并由所在单位统一审定、批准及发布。

（5）建立并落实运行管理制度。

1）建立场馆运行值班制度、巡视检查制度、缺陷管理制度、倒闸操作制度等，并组织落实、重点检查各种运行记录是否齐备，填写是否准确。

2）确保重要区域值班时段的值班电工持有相应合格证件。通过内部培训，使场馆高压电工熟悉调度规程，详细了解场馆内部电气设备运行方式、接线方式、设备状况及倒闸操作程序，能够准确开展各项配电运行工作，熟知并准确掌握反事故措施及事故应急处理预案。组织设备厂家对值班电工进行电气操作培训，所有值班电工应熟悉设备操作方式、事故应急处置方法。

3）从末端重要负荷开始沿电气回路向上，逐级检查接线方式、运行方式、自投方式是否合理，是否能够满足负荷需求。重点检查低压系统，特别是接有 ATSE、EPS、UPS 等自动装置或应急电源及重要负荷的电气回路，如比赛灯光、音响、计时计分、大屏幕等供电的低压电气回路的接线方式、运行方式和自投方式。确保同一类重要负荷的电源来自不同母线，并以负荷影响最小为原则实现自动投切。

4）核查高、低压设备保护定值设置是否合理，是否满足可靠供电要求及保护配合关系。重点核查各级之间保护配合关系、自动装置投切原理（低压母联自投、低压末端自投或互投等）、低压系统保护配置等。

5）检查发电机运行是否正常、蓄电池充电是否充足、发电用油是否充足、启动试验是否定期进行等。

6）制定临时设施运行维护规定，明确维护人员值守范围及相关职责；核查相关管理制度落实执行情况；与场馆永久设施运行值班人员建立科学、顺畅的联络机制和工作流程，制定相应的事故预案并组织演练。

7）储备电气设备易损配件和抢修所需工具及器材。编写储备清单，标明储备品种、数量、使用部位、存放位置等。

（6）场馆用电负荷管理。

1）永久性重要负荷管理。明确低压出线配置是否合理，重要负荷与一般负荷是否分离，一般负荷出现故障时是否可能影响场馆重要负荷正常运行；低压电缆的供电半径是否满足要求，负荷分布是否均衡，接用管理是否规范；在负荷三项平衡检测特别是灯光负荷在灯光控制切换时，防止出现不平衡而产生中性线过流。

2）临时负荷接入管理。明确负荷接入应按容量大小、接入位置或接入单位等划分，建立包括设计复核、影响分析、运行与应急保障的逐级审批制度；应检查负荷接用记录是否规范、完整，审批手续是否齐全；抽查现场临时负荷接用与记录是否对应等。严禁超负荷接入，严禁未经审批通过擅自改动原有供配电设施。

（7）组织开展应急演练。演练主要包括值守演练和应急演练两种类型。

1）值守演练。应模拟保电值守场景，覆盖所有值守岗位，演练内容主要包括各保电时段值守人员的巡视、工作交接、负荷监控及信息报送等实际工作情况。

2）应急演练。应按照事故预想的方式，模拟保电场馆可能出现的突发停电或异常事件，检验客户侧的应急处置能力。演练分为单路失电演练和全停演练。

1）单路失电演练指模拟保电场馆的单条供电线路或单路低压出线失电情况，主要检验客户侧供电拓扑关系，检验高压备自投、ATS、UPS 等装置工作情况及对电压闪动、暂降敏感的重要负荷的影响情况。

2）全停演练指模拟保电场馆的全部供电线路失电情况，主要检验应急电源投切动作与时序配合情况、停电恢复程序、信息报送与指令收发等内容。

3）演练结束后，应进一步总结、完善预案，做好记录，便于检查。

2．保电实施阶段

（1）在线指挥。保电期间，任何单位或部门接到政府相关部门或活动主办方的临时性保电任务时，应第一时间将信息报送保电现场指挥机构。现场指挥机构应通过分析研判，确定临时新增的保电任务、保电客户及其等级、设备范围和任务等级；完成次日日保电任务表、保电时段表、现场保电日任务清单的修订和发布。

（2）现场值守。保电值守期间，现场保电服务人员必须严格遵守值守巡视、交接班、缺陷管理、临时负荷接入管理、信息报送、现场安全、保密等相关制度要求。严禁擅自操作客户设备。

（3）应急处置。发生突发事件时，现场保电服务负责人与客户负责人应联动指挥，现场保电服务人员应立即协助客户按照应急预案开展应急处置。在保证人身和设备安全的基础上，第一时间恢复重要负荷供电，同时向上级指挥部门汇报，必要时申请调派应急设备及物资。

3．保电评价阶段

（1）保电项目痕迹化管理。保电工作结束后，应对所有的文件、资料进行收集、整理，及时移交档案管理部门，落实痕迹化管理要求。

1）保电工作结束后立即整理相关纸质和电子资料，并及时移交。

2）所有保电过程中的发文、收文、评估报告应以原件归档。

3）协议、场馆保电手册、缺陷隐患整改通知单、验收意见单等需双方或多方履行签字手续的文件，均应以正本归档。

4）保护整定单、试验报告、日报表、证明材料等应字迹清楚、内容规范、数据准确，以原件归档。

（2）保电数据评价。整体保电工作结束后，应及时完成客户侧保电工作总结，主要内容包括重点工作及成效、典型经验及亮点、提升措施等。总结中提出的问题应制定整改提升措施，落实责任部门和单位，实行"销号"闭环管理。

第二节 市场专业案例解析

一、业扩作业案例

（一）业务受理

20××年3月9日，某客户持营业执照、法人身份证明材料、授权委托书至营业大厅申请新装用电。

（二）现场查勘

3月9日，接到客户申请后，该片区分管客户经理随即电话联系客户，预约查勘时间。

3月10日，客户经理与联合查勘部门相关人员在约定时间内赴现场开展勘察工作。综合客户意见与现场实际情况，确认用电需求如下：

该客户为连续生产的中大型化工企业，其生产工艺对供电可靠性要求较高。经前期测算，该客户总的视在计算负荷为3200kV·A，其中连续性生产工艺计算负荷为1000kV·A，保安负荷为200kW。自然功率因数为0.8。该客户工作人员多为外来务工人员，故每年春节前后有2个月停工休假，假期仅需保留300kV·A的值班用电等普通负荷。

（三）拟定供电方案

3月11日，根据现场查勘结果、配网结构及客户用电需求，客户经理确定了供电方案和受电方案，具体过程如下。

1．电源配置

（1）由于该客户生产工艺对供电可靠性要求较高，可视为存在二级负荷。根据DB32/T 1701—2010《高压电气装置规程》，二级负荷宜由两回线路供电。该客户周边供电线路资源较丰富，故考虑采用10kV双电源供电。

（2）由于该客户存在200kW保安负荷，根据GB/T 29328—2018《重要电力用户供电电源及自备应急电源配置技术规范》，自备应急电源配置容量应达到保安负荷的100%。综合安全性和经济性考虑，建议客户配置不低于保安负荷容量的自备应急电源。

2．变压器配置

（1）根据《国家电网公司业扩供电方案编制导则》，100kV·A 及以上高压供电的电力客户在高峰负荷时的功率因数不宜低于 0.95。

采用无功补偿将功率因数从 0.8 提高到 0.95，则无功补偿后总的视在计算负荷为 $3200 \times 0.8 / 0.95 = 2695$（kV·A），其中一、二级负荷的视在计算负荷为 $1000 \times 0.8 / 0.95 = 889$（kV·A）。

根据《国家电网公司业扩供电方案编制导则》的要求，客户的计算负荷宜等于变压器额定容量的 70%～75%，故总的变压器容量 $S_1 = 2695 / 0.75 = 3593$（kV·A）。其中，值班用电负荷容量 $S_2 = 300 / 0.75 = 400$（kV·A）。

（2）选择变压器型式。建议选用能效二级及以上型三相变压器，联结组别 Dyn11 或 Yyn0。

（3）根据 DB32/T 3748—2020《35kV 及以下客户端变电所建设标准》，主变压器低压侧额定电压为 0.4kV 时，单台容量不宜大于 1600kV·A。故考虑选择三台变压器。

（4）根据 DB32/T 3748—2020《35kV 及以下客户端变电所建设标准》，断开 1 台变压器时，其余变压器容量应满足一级负荷及二级负荷的用电。故选 2 台 1600kV·A 的变压器和 1 台 400kV·A 的变压器。

3．电气主接线方式及运行方式

根据《国家电网公司业扩供电方案编制导则》，二级客户可采用以下运行方式：①两回及以上进线同时运行；②一回进线主供、另一回路冷备用。故高、低压均采用单母线分段接线。考虑安全性和可靠性，建议采用一主一备运行方式。正常时 3 台变压器同时运行，停工休假期间暂停 2 台 1600kV·A 变压器，使用 400kV·A 变压器。

综合以上，拟定供电方案如下：

××化工科技有限公司供电方案

该客户位于××化工产业集中区，申请新装双电源，用于化工产品制造。其中主、备供各新装 4000kV·A，合计容量 8000kV·A。经现场查勘，初拟供电方案如下。

一、客户受电工程方案

负荷性质：二级负荷。

供电方式：一主一备。

电气主接线方式：单母线分段。

批准需要（装接）变压器容量：本次申请增加 2 台 10/0.4kV、1600kV·A 变压器（能效二级及以上）、1 台 10/0.4kV、400kV·A 变压器（能效二级及以上）。

电能计量方式：高供高计。

功率因数考核标准：0.90。

电价及计量配置：主供主电能表执行大工业电价，TV 变比为 10/0.1kV，精度为 0.2 级，二次绕组容量为 15V·A，TA 变比为 250/5，双绕组精度为 0.2S 级，二次绕组容量为 10V·A。

备供主电能表执行大工业电价，TV 变比为 10/0.1kV，精度为 0.2 级，二次绕组容量为 15V·A，TA 变比为 250/5，双绕组精度为 0.2S 级，二次绕组容量为 10V·A。

低压照明分电能表执行一般工商业及其他用电电价（非居民照明电价）。

二、资产（责任）分界点划分：

主供电源：以供电人开闭所内出线断路器（负荷开关）负荷侧桩头出线排连接处为分界点。

备供电源：以供电人开闭所内出线断路器（负荷开关）负荷侧桩头出线排连接处为分界点。

客户受电工程情况概述：在厂区东北角新建配电房，内设 2 台 1600kV·A 变压器和 1 台 400kV·A 变压器及相应高、低压柜。主供容量为 4000kV·A，备供容量为 4000kV·A。安装 FKWB82 型负荷管理装置。

三、电源接入方案

（一）供电电源

主供：220kV 建安变电站，10kV 建东 155 线。

备供：110kV 古马变电站，10kV 古达 133 线。

供电电压：10kV。

（二）电源接入点

主供电源：开闭所 I 段母线间隔。

备供电源：开闭所 II 段母线间隔。

电源接入方式：电缆。

四、具体业务费用

根据《关于调整供（配）电贴费的标准等有关问题的通知》（苏价工〔2000〕242 号），高可靠性供电费用 330 元/（kV·A），则 330 元/（kV·A）×4000kV·A = 1320000（元）。

（四）答复供电方案

3月12日，初拟供电方案经方案审核会通过后，由客户经理正式答复客户。

（五）设计审查

3月18日，客户提交电气设计图纸。客户经理查验其设计单位确具有相应设计资质后，随即组织联合审图，并将图纸相关问题以"受电工程设计审核结果通知单"形式一次性答复给客户。审查缺陷具体见表2-2。

表2-2   受电工程设计审核结果通知单

申请编号	××××	申请类别	高压新装
客户名称	××化工科技有限公司	用电地址	××××
联系人	××	联系电话	××××
设计单位	××电力设计有限公司	设计资质	设计丙级
送图时间	20××年3月18日	审核完成时间	20××年3月19日
审核结论	不合格		
图纸审核意见	（1）进线电缆规格偏小		
	（2）进线计量TA精度选用错误		
	（3）进线计量电压互感器一次熔断器选用3.15A错误，应选用0.5A		
	（4）TV柜中避雷器应装在小车上		
	（5）说明中应增加"进线柜中接地开关与进线带电显示之间闭锁"		
	（6）2号主变压器低压电容器容量配置不足		
	（7）变压器室与电容器室的门应能向两个方向开启		
	（8）10kV开关室中10kV开关柜的维护通道宽度至少为800mm，实际仅710mm		
通知人（签章）		客户签收人（签章）	
通知日期		签收日期	

有关事项：

1. 本通知单一式两份，供用电双方各执一份。
2. 请贵单位依据审核合格的设计图纸，自主选择具备相应资质的施工单位，自行采购符合国家相关标准的设备材料进行受电工程建设。否则，我公司将不予中间检查、竣工验收和接电。
3. 对于贵单位受电工程中的隐蔽工程（指受电工程的接地装置、暗敷管线等），根据《供电营业规则》规定，必须经供电企业组织中间检查。请贵单位在隐蔽工程完成前，向我公司递交"受电工程中间检查登记表"及相关资料一式两份，通知我公司进行受电工程中间检查。我公司在"受电工程中间检查结果通知单"所列的中间检查工程缺陷，请贵单位督促施工单位整改。整改完成后，报请复验，复验合格后方可继续施工。
4. 受电工程完工，并且交清相关业务费用和签订完供用电合同后，请贵单位向我公司递交"竣工验收登记表"及相关资料，经我公司审核资料齐全后，将与贵单位预约时间进行工程竣工验收。我公司在"受电工程竣工验收单"所列的缺陷，请贵单位督促施工单位整改。整改完成后，报请复验，复验合格后方可安排装表接电。

3 月 23 日，客户提交修改后的图纸经复验通过。

（六）竣工报验

4 月 13 日，客户持设计图纸和设计说明；竣工报告、竣工图纸等技术文件；电气设备相关试验、调试记录；计量装置校验合格证书等至营业大厅申请竣工报验。

（七）竣工验收

4 月 14 日，客户经理在核实客户竣工报验资料与相关单位资质确符合要求后，组织多部门开展联合验收，并将其中问题形成"受电工程竣工验收单"，以书面形式一次性答复给客户。验收缺陷具体见表 2-3。

表 2-3 电力客户工程整改意见通知书

总户号	××× ×	户名	× ×化工科技有限公司
整 改 意 见			
（1）高压开关柜柜体前后未标有双重名称编号			
（2）主、备供进线电缆无标牌			
（3）部分后柜门未有效接地			
（4）计量仓仓门无法加封			
（5）进线避雷器型号与图纸不符			
（6）高压 TA 第二绕组短接后未有效接地			
（7）变压器室未设置通风装置			
（8）开关室内未设置应急照明			
（9）电缆沟内封堵不严，有渗水现象			
（10）配电房屋顶渗水			
备注：			
验收结论：上述缺陷望尽快落实整改，确保顺利通过验收送电，以保证配电的安全运行			
验收检查员： 用户签收（签名或盖章）： 验收日期：20××年 4 月 14 日			

（八）确定费用

对申请新装及增加用电容量的两路及以上多回路供电（含备用电源、保安电源）用电客户，除供电容量最大的供电回路外，对其余供电回路收取高可靠性供电费用。高可靠性供电费用标准按《关于调整供（配）电贴费标准等问题的通知》（苏价工〔2000〕242 号）规定执行，由客户经理计算并在供电方案中列明，营业厅负责收取。

高可靠性费用计算规则如下：

（1）对申请新装及增加用电容量的两路及以上多回路供电，接入点电源侧为地下电缆的，其高可靠性供电费用按架空线标准的 1.5 倍计收。对于系统变电站新出线路的，该新出线路按自建架空线标准计收。

（2）对两路及以上多回路供电（含备用电源、保安电源）的电力客户，业扩工程中有客户出资接入工程（或系统变电站新出线路），不论是哪条回路，其高可靠性供电费用都按自建本级电压外部工程标准收取；业扩工程整体无客户出资接入工程的，其高可靠性供电费用按非自建本级电压外部工程标准收取。

故该客户应收高可靠性费用＝［8000（多回路总容量）－4000（最大一路回路容量）］×330 元/（kV·A）（收费标准）

（九）供用电合同签订

4 月 12 日，客户完成供用电合同签订工作。

（十）装表接电

4 月 16 日，客户缺陷整改完毕并复验通过。客户经理牵头开展装表接电工作，联合装接人员进行电能计量装置及负控采集装置的安装工作，而后联合配电人员进行送电工作，最后联合客户开展受电设备启动工作，顺利完全本次业扩任务。

（十一）资料归档

送电完成后，客户经理收集并整理报装资料，完成资料归档，为客户档案设置物理存放位置，形成并记录档案存放号。

二、数字化电力保障作业案例

某市体育公园承接举办某省级体育赛事，由该市供电公司配合开展活动期间的电力保障工作。供电公司根据地方政府、省（市）公司、组委会有关要求，为确保活动期间电网安全稳定运行和可靠供电，提升优质服务水平，制订了数字化电力保障工作方案，具体内容如下。

（一）重大活动场所简介

体育公园总容量为 26400kV·A，供电电压为 10kV，占地面积 46.932ha，包含一座可容纳 3 万人的大型体育场、一座可容纳 6000 人的体育馆、一座现代化游泳跳水馆和一座全民健身馆，形成了一场三馆的布局。赛事期间，体育公园承担着开、闭幕式，田径，游泳等重要赛事活动。

（二）保电时间

活动场所的保电等级见表 2-4。

表 2-4 体育公园赛事保电等级

序号	保电任务	保电等级	备注
1	开幕式	一级	体育场
2	游泳赛	二级	游泳馆
3	篮球赛	二级	篮球馆
4	足球赛	二级	足球场
5	网球赛	二级	网球场
6	沙滩排球赛	二级	沙滩排球场
7	手球赛	二级	手球馆
8	田径赛	二级	体育场
9	闭幕式	一级	体育馆

（三）保电策略

（1）比赛期间重要负荷包括：体育场馆内比赛照明、灯光控制室设备、扩声功放室、扩声控制室、大屏、LED 大屏控制室设备、计时计分设备、成绩处理设备、国旗升降设备、转播机房、仲裁录像室、终点摄像机房、新闻发布厅控制室、泛光照明、贵宾区等。

（2）开闭、幕式期间重要负荷包括：保电场馆内场地照明、舞台用电、大屏、灯光控制室设备、扩声功放室、扩声控制室、大屏、LED 大屏控制室设备、国旗升降设备、转播机房、仲裁录像室、终点摄像机房、新闻发布厅控制室、泛光照明、贵宾区、贵宾电梯等。

（3）解除重要负荷的低压失压脱扣保护。为防止电网波动等因素造成低压失压脱扣误跳闸，对重要负荷，开、闭幕式期间客户应确保低压失电压脱扣保护已解除。

（4）重要负荷与卤素灯等特殊负荷配置 UPS 电源。保电场馆内采用卤素灯，无法在 300ms 及以上的电网波动中保持稳定，一旦失电，再次恢复需要 8min。开、闭幕式期间客户应确保此类设备及其他重要负荷在末端配置应用 UPS 不间断供电电源，其中开幕式需提供 2000kW 的 UPS，闭幕式需提供 500kW 的 UPS。

（5）双电源供电。体育公园开闭所为 10kV 双电源供电，互为备用。各分配电房由开闭所 10kV 双电源供电，互为备用，双主变压器单母线分段互为备用，重要负荷低压双回路出线供电。互为备用均为全容量备用。

（6）自备发电机。客户配置了 1 台 1360kW 的柴油发电机，作为体育馆、游泳馆、健身馆的应急照明和消防的自备应急电源。该发电机具备自启动功能，且自启动时间

15s，稳定运行时间 45s。还配置了 1 台 500kW 的柴油发电机，作为体育场的应急照明和消防的自备应急电源。该发电机具备自启动功能，且自启动时间 10s，稳定运行时间 30s。

（7）负荷末端低压 ATS 自动切换。客户在重要负荷的末端安装了 ATS 自动切换装置，实现低压末端双电源自动切换。

（四）重要场所用电信息

1．供电电源

（1）10kV 线路运行方式。体育公园由 110kV 城南变电所、110kV 新区变电所供电。

第一路电源为城南变电所 10kV 城体 112 线，第二路电源为城南变电所 10kV 城育 115 线，第三路电源为新区变电所 10kV 新体 227 线，第四路电源为新区变电所 10kV 新育 228 线。电源联络示意图如图 2-1 所示。

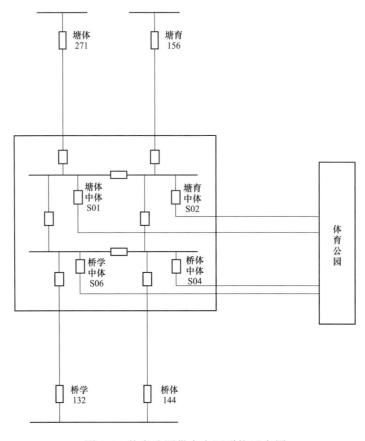

图 2-1　体育公园供电电源联络示意图

（2）客户侧运行方式。体育公园变压器容量为 13200kV·A，设有 1 个客户中心开闭所（电压等级 10kV）和 5 个分配电房（电压等级 10kV/0.4kV），其中 1 号分配电房 2×1250kV·A、2 号分配电房 2×1250kV·A、3 号分配电房 2×1250kV·A、4 号分配电房 2×1600kV·A、5 号分配电房 2×1250kV·A。

承办开幕式的体育场由 1 号和 2 号分配电房供电，其中 1 号分配电房供体育场的东区、北区，2 号分配电房供体育场的西区、南区。承办闭幕式的体育馆由 4 号分配电房供电。另外，5 号分配电房供体育场、体育馆、游泳馆、健身馆的空调冷水机组、冷却水泵、室外冷却塔。3 号分配电房供游泳馆、健身馆、超市。

客户中心开闭所四路电源高压供电，其中，第一路、第二路电源两路同供，互为备用；第三路、第四路电源两路同供，互为备用。

第一路由 110kV 城南变电所 10kV 城体 112 线供电，第二路由 110kV 城南变电所 10kV 城育 115 线供电，第一路、第二路电源两路同供，互为备用。10kV 城体 112 线经开闭所分供分配电房，下接 3 台变压器（1 号电房分配 1 号变压器、2 号电房分配 1 号变压器、5 号电房分配 1 号变压器），10kV 城育 115 线经开闭所分供分配电房，下接 3 台变压器（1 号电房分配 2 号变压器、2 号电房分配 2 号变压器、5 号电房分配 2 号变压器）。

第三路由 110kV 新区变电所 10kV 新体 227 线供电，第四路由 110kV 新区变电所 10kV 新育 228 线供电，第三路、第四路电源两路同供，互为备用。10kV 新体 227 线经开闭所分供分配电房，下接 2 台变压器（3 号电房分配 1 号变压器、4 号电房分配 1 号变压器），10kV 新育 228 线经开闭所分供分配电房，下接 2 台变压器（3 号电房分配 2 号变压器、4 号电房分配 2 号变压器）。

2．主要电气设备及参数

体育公园设备配置见表 2-5。

表 2-5　　　　　　　　　　　　体育公园设备配置清单

设备	型号	数量（台）	主要元器件及品牌
变压器	SCB12-1250/10	8	—
变压器	SCB12-1600/10	2	—
高压柜（计量）	KYN28A-12	4	品牌：施耐德电气 产品名称：真空断路器
高压柜（TV）	KYN28A-12	14	品牌：施耐德电气 产品名称：真空断路器
高压柜（进线）	KYN28A-12	14	品牌：施耐德电气 产品名称：真空断路器

设备	型号	数量（台）	主要元器件及品牌
高压柜（出线）	KYN28A-12	20	品牌：施耐德电气 产品名称：真空断路器
高压柜（母联）	KYN28A-12	7	品牌：施耐德电气 产品名称：真空断路器
高压柜（隔离）	KYN28A-12	7	品牌：施耐德电气 产品名称：真空断路器

3．自备应急电源

（1）自备发电机。客户的自备发电机已安装，并已投入运行，具体情况见表2-6。

表2-6　　　　　　　　　　　自备发电机投运状态

设备名称	容量（kW）	安装地点	供电范围
1号发电机	1360	健身馆地下室	健身馆、体育馆、游泳馆消防、应急照明、部分场地用电等负荷
2号发电机	500	体育场	体育场消防、应急照明、部分场地用电等负荷

注　500kW发电机启动时间10s，稳定时间30s；1360kW发电机启动时间15s，稳定时间45s。

（2）UPS。体育公园主场馆内的卤素灯无法在300ms及以上的电网波动中保持稳定，一旦失电，再次恢复需要8min，有些大屏设备也存在类似情况，失电后再恢复的时间较长。为保障开、闭幕式期间此类设备及重要负荷的安全可靠运行，确保开、闭幕式圆满成功，需在设备前端、ATS后端串联对应容量UPS不间断供电电源。

UPS电源由客户提供，目前客户计划租赁合计容量2000kW的多个UPS电源设备，具体情况见表2-7。

表2-7　　　　　　　　　　　体育公园UPS电源设备

设备名称	容量（kW）	持续时间（min）	安装地点	供电范围
1号UPS	400	30	体育场（开）/体育馆（闭）	开闭幕式部分场地照明
2号UPS	400	30	体育场	开幕式部分场地照明
3号UPS	200	30	体育场（开）/体育馆（闭）	开闭幕式大屏、音响类设备
4号UPS	200	30	体育场	开幕式部分场地照明
5号UPS	200	30	体育场	开幕式大屏、音响类设备
6号UPS	200	30	体育场	控制室设备

续表

设备名称	容量（kW）	持续时间（min）	安装地点	供电范围
7号UPS	200	30	体育场	应急照明
8号UPS	200	30	体育场	场地用电

4．继电保护及整定情况

继电保护配置与整定条件见表2-8。

表2-8 体育公园继电保护配置与整定条件

设备名称	TV变比	TA变比	保护1		保护2	
			保护类型	整定值（电流/时间）	保护类型	整定值（电流/时间）
用户开闭所1GP3进线	100	120	速断	5.4A/0s	过流	4.8A/1s
用户开闭所1GP4出线	100	30	速断	19A/0s	过流	6.7A/0.8s
用户开闭所1GP5出线	100	30	速断	19A/0s	过流	4.7A/0.8s
…	…	…	…	…	…	…
5号配电房GP8进线	100	40	速断	14.4A/0s	过流	4.7A/0.5s

（五）重点工作

（1）开展保电巡视值守，落实隐患缺陷整改。

1）保电准备阶段。依照"高低压设备巡视检查表""变压器巡视检查表"等对体育公园开展专项检查、隐患排查及整改工作，对检查出的问题填发"用电检查结果通知书"（附隐患清单），积极主动为客户提供技术支持，协助客户制订整改计划，落实相关整改措施。对客户在供电电源、受电设施、自备应急电源、非电保安措施、运行管理等方面存在的问题，应报组委会备案，做到"服务、通知、报告、督导"到位率100%。同时与场馆方明确保电责任分工，并签订《安全责任书》。

2）保电实施阶段。在保电实施阶段按照重大活动保电工作规范要求，开展客户站房值班值守和特巡看护，严格按照"数字化值守表"落实保电措施，对巡视检查记录、故障处理记录、隐患情况等重要内容按照有关规范进行交接。

（2）开展设备评价，落实数字化应用。客户侧场馆评价分为设备状态评价、数字化应用评价两部分。体育公园内部保电涉及开闭所1座，配电房5座，设备运行状态良好，无影响设备安全运行的严重或危急缺陷。

1）设备状态评价。开闭所缺陷包括：内部存在部分孔洞封堵不严，设备表面有轻微积灰现象，状态评价结果为 98 分；1～5 号站房存在低压总柜定值设置不当，保护设置不当，部分孔洞封堵不严，UPS 安装不到位，设备表面有轻微积灰等现象。

2）数字化应用评价。开闭所、1～5 号站房设备数字化指数评价结果均为 20 分。

3）数字化完善计划。根据评价结果，需对开闭所、1～5 号站房完成可视化改造，配置智能机器人 1 台，球机 10 台。建议客户配置安装智能监测系统，实现全量数据的实时监测。

4）数字化预计成效。人员替代方面，巡检机器人、球机、智能监测系统实现人工巡视全方位替代，仅需值守人员 6 人，应急人员 6 人，可减少保电巡视人员 12 人。质效提升方面，智能监测系统减少了值守人员对站房设备信号查看、电流抄录等机械性工作，省去运维人员巡视时间约 40%。巡检机器人、智能监测系统可以实时监测站房设备温、湿度及电压、电流等数据，有效填补了传统巡视盲区，实现保电设备状态全面感知。

（3）梳理保电资源，完善资源配置。依据保电等级、场馆情况、负荷性质等信息，数字化保电平台自动配置人员、车辆、工具、装备清单，形成保电资源配置表，辅助保电指挥人员配置保电资源。建立保电人员、车辆、工具、装备、备品备件台账库，系统梳理客户侧保电各类资源库存现状，加强实物盘点维护，列出补充计划。实现保电车辆、工具、装备、备品备件全寿命周期管理，科学实施物资储备、实物盘点、补库安排，确保保电资源最优化配置。

（4）完善各类预案，开展应急演练。制订保障应急预案，开展客户侧应急演练。充分做好事故预想，加强客户内部人员培训，确保在发生供电突发事件时，能够迅速启动应急预案，妥善做好应急处置工作。

（5）完善平台建设，强化流程管控。应用实时采集、远程通信等技术，搭建营销数字化保电平台，建立健全数字化保电体系，强化保电制度、流程的有效执行，强化保电进度、质量的全程管控，强化保电指挥的快捷、正确决策，实现客户侧保电统一标准、统一监督、统一协调、统一指挥。

（6）开展保电后评价，突显数字化成效。保电结束后，对保电场馆从数字化评价模型、保电资源、保电演练、巡视值守、后台监管、应急处置等多方面开展评价，对比实际保电结果和模型预期成效，修正迭代数字化模型。同时，按照相关标准从工作成效、成本分析、体系运转等维度对保电结果进行评价，吸取保电过程中丰富经验，确保数字化应用在保电过程发光发彩。

（六）现场应急处置预案

1．10kV 互为备用任意一条进线失电

（1）检查城体 112 线路进线线路带电指示器确无带电指示。

（2）将失电侧进线开关热备用转冷备用。

1）检查城体 112 线进线断路器确在分位。

2）将城体 112 线进线断路器小车出车至试验位置。

3）检查城体 112 线进线断路器小车确已出车至试验位置。

4）取下城体 112 线进线断路器小车机械闭锁钥匙。

（3）合上母联断路器。

1）检查母联断路器小车在试验位置。

2）检查母联断路器确在分位。

3）插上机械闭锁钥匙。

4）将母联断路器小车推至运行位置。

5）合上母联断路器。

6）检查母线电压情况。

（4）各值守位同时上报值守点电压及负荷情况。

（5）待重要保障时段结束后恢复正常运行方式。

2．10kV 互为备用两条主供电源均失电

（1）发电机组自启动转运行状态。

（2）检查两路进线线路带电指示器有无带电指示。

（3）将城体 112 线（新育 228 线）断路器运行转热备用。

1）拉开城体 112 线（新育 228 线）进线断路器。

2）检查城体 112 线（新育 228 线）断路器确已拉开。

（4）将城育 115 线（新体 227 线）断路器运行转热备用。

1）拉开城育 115 线（新体 227 线）进线断路器。

2）检查城育 115 线（新体 227 线）断路器确已拉开。

（5）检查 0.4kV 低压母线。

（6）各值守点向总值班室汇报负荷及电压情况。

（7）备用油料车进入指点区域待命。

（8）联系外部保障人员对城体 112 线（新育 228 线）、城育 115 线（新体 227 线）进行故障巡查及处理。

（9）待重要保障时段结束后恢复正常运行方式。

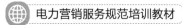

客户侧巡视值守标准见表2-9～表2-13。

表 2-9　　　　　　　　　　　　　高低压设备巡视检查表

站房名称：　　　　　　天气：　　　　　室温：　　　　　日期：　　年　　月　　日

设备名称	检查项目	检查结果	异常情况详述
母线	母线电压	A: B: C:	
开关柜面板	开关面板上开关分、合闸指示灯，弹簧储能指示灯，手车试验位置、工作位置指示灯	正常□ 异常□	
高压断路器，隔离开关，负荷开关（柜、间隔）	断路器油位、SF$_6$压力、真空度正常；位置显示装置、带电显示装置工作指示正确；柜体内有除湿装置；操动机构正常	正常□ 异常□	
	隔离开关及负荷开关的固定触头与可动触头接触良好，无发热现象；操动机构和传动装置应完整、无断裂；操动杆的卡环和支持点应不松动、不脱落	正常□ 异常□	
	负荷开关的灭弧装置完整无损	正常□ 异常□	
	高压熔断器的熔丝管应完整、无裂纹，导电部分应接触良好，保护环不应缺损或脱落；高压跌落式熔断器、熔丝管应无变形，接触良好	正常□ 异常□	
	断路器内有无放电声和电磁振动声	正常□ 异常□	
计量	负控终端装置外观完好，显示正常，无报警灯异常现象。跳闸回路已拆除	正常□ 异常□	
直流屏、控制屏	表计指示正常，指示灯明亮，直流装置内部应无异常声响。直流元件无损坏、发热焦臭气味	正常□ 异常□	
	检查浮充电运行的蓄电池浮充电电流，硅整流工作指示正常	正常□ 异常□	
	电池外观有无变形、有无漏液	正常□ 异常□	
TV柜、继电保护装置	保护装置显示是否正常	正常□ 异常□	
	各开关红绿灯是否与开关运行位置相符，母线电压互感器切换开关的位置与所测母线位置是否相符	正常□ 异常□	
	压板及切换开关位置是否与运行要求一致，各种信号指示是否正常，直流母线电压是否正常	正常□ 异常□	
电缆	电缆接头温度	正常□ 异常□	
其他			

注　1. 各场馆可根据本场馆的实际情况作修改。

2. 发现异常设备，需填写设备名称及异常现象。

3. 有多个配电室的请按配电室分别进行填写。

表 2-10 变压器巡视检查表

站房名称： 天气： 室温： 日期： 年 月 日

变压器检查内容（油浸式□ 干式□）

设备名称	检查项目	检查结果	异常情况详述
变压器	编号		
变压器	容量	kV·A	
油浸式变压器	型号		
	容量是否与合同一致	是□ 否□	
	是否过负荷运行	是□ 否□	
	本体外观	正常□ 异常□	
	套管	正常□ 异常□	
	引线接头温度是否正常	正常□ 异常□	
	有无明显异常声响	有□ 无□	
	温度计刻度整定值	正常□ 异常□	
	温控冷却装置	正常□ 异常□	
	外壳接地连接	正常□ 异常□	
	分接开关	正常□ 异常□	
	绝缘油油位、油色、渗漏情况	正常□ 异常□	
	硅胶颜色	正常□ 异常□	
	命名及安全警示牌	正常□ 异常□	
	其他		
干式变压器	型号		
	容量是否与合同一致	是□ 否□	
	是否过负荷运行	是□ 否□	
	引线接头温度	正常□ 异常□	
	有无明显异常声响	有□ 无□	
	温控器温度显示	℃	
	冷却器风扇状态	正常□ 异常□	
	外壳接地连接	正常□ 异常□	
	分接开关	正常□ 异常□	
	命名及安全警示牌	正常□ 异常□	
	其他		

注 各场馆可根据本场馆的实际情况作修改。

表 2-11   ATS 设备状态巡视检查表

序号	ATS 位置名称	检查内容	记录
1		ATS 是否工作在正常状态	是□　　否□
		ATS 是否工作在主供电源位置	是□　　否□
		ATS 备供电源侧是否带电	是□　　否□
		ATS 是否工作在自投不自复状态	是□　　否□
		ATS 三相电流	A 相：　　A　　B 相：　　A　　C 相：　　A
2		ATS 是否工作在正常状态	是□　　否□
		ATS 是否工作在主供电源位置	是□　　否□
		ATS 备供电源侧是否带电	是□　　否□
		ATS 是否工作在自投不自复状态	是□　　否□
		ATS 三相电流	A 相：　　A　　B 相：　　A　　C 相：　　A
3		ATS 是否工作在正常状态	是□　　否□
		ATS 是否工作在主供电源位置	是□　　否□
		ATS 备供电源侧是否带电	是□　　否□
		ATS 是否工作在自投不自复状态	是□　　否□
		ATS 三相电流	A 相：　　A　　B 相：　　A　　C 相：　　A
4		ATS 是否工作在正常状态	是□　　否□
		ATS 是否工作在主供电源位置	是□　　否□
		ATS 备供电源侧是否带电	是□　　否□
		ATS 是否工作在自投不自复状态	是□　　否□
		ATS 三相电流	A 相：　　A　　B 相：　　A　　C 相：　　A

表 2-12   UPS（EPS）设备巡视检查表

序号	UPS（EPS）名称	检查内容	记录
1		是否工作在正常的运行状态	是□　　否□
		UPS（EPS）输出电压	L1-2：　　V　　L2-3：　　V　　L3-1：　　V
		UPS（EPS）输出电流	L1：　　A　　L2：　　A　　L3：　　A
		UPS（EPS）运行模式	正常操作□　　旁路□　　检修□
		系统运行模式	充电□　　逆变器□
		剩余运行时间	时　　分
		输出频率	Hz
		总输出功率	kV・A（　　%），　　kW
		输出功率	L1：　　kV・A，　　kW L2：　　kV・A，　　kW L3：　　kV・A，　　kW

续表

序号	UPS（EPS）名称	检查内容	记录
2		是否工作在正常的运行状态	是□ 否□
		UPS（EPS）输出电压	L1-2： V L2-3： V L3-1： V
		UPS（EPS）输出电流	L1： A L2： A L3： A
		UPS（EPS）运行模式	正常操作□ 旁路□ 检修□
		系统运行模式	充电□ 逆变器□
		剩余运行时间	时 分
		输出频率	Hz
		总输出功率	kV·A（ %）, kW
		输出功率	L1： kV·A, kW L2： kV·A, kW L3： kV·A, kW

表 2-13　　　　　　　　　　　发电机（车）巡视记录表

检查项目	检查结果	异常情况详述
型号		
容量（kW）		
油量（持续时间，h）		
闭锁方式	电气□ 机械□	
接入位置		
保障负荷（kW）		
启动方式	自动□ 手动□	
启动时间（s）		
蓄电池	正常□ 异常□	
试运行情况	正常□ 异常□	
维保情况	正常□ 异常□	
其他		

安全隐患清单见表 2-14。

表 2-14　　　　　　　　　　　体育公园用电安全隐患汇总表

序号	缺陷种类	缺陷内容	整改措施	限期整改
1	一般缺陷	安全工器具试验超周期	进行预防性试验	保电前整改完成
2	一般缺陷	配电房内移动信号较差	加装移动信号放大器	保电前整改完成

序号	缺陷种类	缺陷内容	整改措施	限期整改
3	一般缺陷	配电房湿度偏高,除湿机未投运	开启除湿装置降低配电房湿度,并检测除湿装置工作状态确保运行正常	立即整改
4	一般缺陷	电工人数不足,未建立正常的运行值班制度	增加有资质电工配置,更新内部运行值班制度	保电前整改完成
5	一般缺陷	配电房室内有灰尘、杂物	需进行清理,避免安全隐患	保电前整改完成

数字化值守表见表 2-15。

表 2-15　　　　　　　　　　　数 字 化 值 守 表

专业	一级保电时段	二级保电时段	三级保电时段
营销专业	(1)具备可视化条件。由领导或专业人员驻守营销电力保障中心,由 1 名值班员对保障场馆开展 24h 不间断监视,每 2h 开展 1 次视频轮巡,每 2h 向指挥中心进行汇报一次。现场由值守客户经理带班,可根据实际需求开展动态巡视。巡视场馆的小组,每组 2 名巡视人员,每 2h 向营销电力保障中心进行汇报。在一级保电时段内,客户经理每 2h 开展 1 次带电检测,智能机器人协同巡检。 (2)不具备可视化条件。现场由值守客户经理带班,可根据实际需求进行动态巡视。巡视场馆的小组,每组 3 名巡视人员,每 1h 向营销电力保障中心进行汇报。在一级保电时段内,客户经理每 1h 开展 1 次带电检测	(1)具备可视化条件。由领导或专业人员驻守营销电力保障中心,由 1 名值班员对保障场馆开展 24h 不间断监视,每 4h 开展 1 次视频轮巡,每 4h 向指挥中心进行汇报一次。现场由值守客户经理带班,可根据实际需求开展动态巡视。巡视场馆的小组,每组 2 名巡视人员,每 4h 向营销电力保障中心进行汇报。在一级保电时段内,客户经理每 4h 开展 1 次带电检测,智能机器人协同巡检。 (2)不具备可视化条件。现场由值守客户经理带班,可根据实际需求进行动态巡视。巡视场馆的小组,每组 3 名巡视人员,每 2h 向营销电力保障中心进行汇报。在一级保电时段内,客户经理每 2h 开展 1 次带电检测	(1)具备可视化条件。由领导或专业人员驻守营销电力保障中心,由 1 名值班员对保障场馆开展 24h 不间断监视,每 24h 开展 1 次视频轮巡,每 24h 向指挥中心进行汇报一次。现场由值守客户经理带班,可根据实际需求开展动态巡视。巡视场馆的小组,每组 2 名巡视人员,每 24h 向营销电力保障中心进行汇报。在一级保电时段内,客户经理每 24h 开展 1 次带电检测,智能机器人协同巡检。 (2)不具备可视化条件。现场由值守客户经理带班,可根据实际需求进行动态巡视。巡视场馆的小组每组 3 名巡视人员,每 12h 向营销电力保障中心进行汇报。在一级保电时段内,客户经理每 12h 开展 1 次带电检测

设备数字化状态评价见表 2-16。

表 2-16　　　　　　　　　　　设备数字化状态评价表

序号	设备名称	设备状态得分	数字化评价	扣分原因	补强措施	设备状态预期得分	数字化预期得分
1	开闭所	96.00	80.00	(1)部分孔洞封堵不严,轻微积灰。 (2)备品备件不足。 (3)巡检机器人待调试。 (4)保电指挥平台采集信号部分缺失	(1)加强封堵、清扫。 (2)落实备品备件。 (3)完成巡检机器人调试工作。 (4)检查采集装置接线,确保信号正常	100.00	100.00

续表

序号	设备名称	设备状态得分	数字化评价	扣分原因	补强措施	设备状态预期得分	数字化预期得分
2	1号分配电房	96.00	100.00	（1）部分孔洞封堵不严，轻微积灰。 （2）备品备件不足	（1）加强封堵、清扫。 （2）落实备品备件	100.00	100.00
3	2号分配电房	95.00	75.00	（1）部分孔洞封堵不严，轻微积灰。 （2）备品备件不足。 （3）可视化设备未配置	（1）加强封堵、清扫。 （2）落实备品备件。 （3）尽快落实配备可视化设备	100.00	100.00
4	3号分配电房	94.00	100.00	（1）部分孔洞封堵不严，轻微积灰。 （2）备品备件不足	（1）加强封堵、清扫。 （2）落实备品备件	100.00	100.00
5	4号分配电房	99.00	100.00	备品备件不足	落实备品备件	100.00	100.00
6	5号分配电房	98.00	100.00	（1）轻微积灰。 （2）备品备件不足	（1）加强清扫。 （2）落实备品备件	100.00	100.00

保电资源配置原则参见表2-17。

表2-17　　　　　　　　　　体育公园保电资源配置

类型	主体	配置标准	配置总数	资源现状	是否满足配置要求	需增补数量
人员	实时监控指挥人员	每比赛场次3人	3	3	是	0
	值守客户经理	每场馆1人	6	6	是	0
	抢修人员	每值守点2人	6	6	是	0
	应急工程车	每场馆1辆	1	1	是	0
工具装备	行政执法仪	每场馆1台	1	1	是	0
	局放仪	每配电房1台	6	0	否	6
	红外测温仪	每配电房1台	6	0	否	6
	万用表	每配电房1台	6	3	否	3
	绝缘电阻表	每配电房1台	6	0	否	6
	单兵装备、照明装备（可通信）	二级保电时段每人1套，三级保电时段每2人1套	6	0	否	6
	移动终端	客户经理每人1套	6	6	是	0
	巡检机器人	每配电房1台	6	0	是	0

续表

类型	主体	配置标准	配置总数	资源现状	是否满足配置要求	需增补数量
其他	消防设施	每配电房1套	6	6	是	0
	安全工器具	每配电房1套	6	6	是	0
	验电器	每配电房1个	6	6	是	0
	发电机	按比赛场馆容量配置	—	客户已自备1860kW	—	按比赛场馆容量配置
	UPS	按比赛场馆容量配置	—	客户计划配置2000kW	—	按比赛场馆容量配置

第三节　新型电力系统下的能源服务

随着经济发展、社会进步和能源转型，电力的应用领域不断拓展，电力行业的新产业、新业态、新模式不断涌现。在国家电网公司"双碳"目标下，市场专业作为最贴近用能市场的一环，承担着助力客户发掘能效提升潜力、构建畅通高效服务渠道的作用。传统业务与能效新型业务的融合，将助力能源消费侧全面推行电气化和节能提效，为加快推动绿色低碳发展提供有力支撑。

一、综合能源服务

（一）综合能源服务工作简介

综合能源涵盖电力、燃气、冷能、热能等多种能源。能源服务指通过能源的使用，为消费者提供的服务。

1．综合能源服务主要工作内容

综合能源服务类型包括咨询服务、工程服务、投资服务和运维服务等多种形式。综合能源服务业务的开展，使得客户能够通过优化能源供应结构，改变能源消费方式，达到经济、环保、安全的综合最优目标。

2．综合能源服务相关岗位职责

（1）基础工作。

1）综合能源业务项目属地潜力挖掘及项目实施工作。根据企业工作要求及综合项目实施条件，结合当地实情，充分挖掘实施属地内分布式能源、能源托管、客户侧代维等高质量项目。

2）市场化电力交易推广实施工作。组织落实当年市场化电力交易二类客户的签约及绑定工作，积极引导符合政策条件的客户参与市场化售电，全力抢占市场份额。

3）客户侧能效监测点推广及数据治理工作。配合开展客户侧代运维业务，积极承接优质客户的代维工作，拓展优质潜力高质量项目，增强客户黏性。

4）网络平台属地推广应用。落实企业工作方向，全力推动属地客户积极参与网络平台，探索"平台经济"商务模式应用，助力提升社会综合能效体系实际应用。

（2）拓展工作。

1）综合能源公司的组建工作。根据企业工作要求，按时完成"分改子"各项准备工作，优化子公司人资、财务、资质申报等专项工作。

2）综合能源分公司各项制度的制定及监督工作。基于前期分公司各项管理制度，结合子公司实际，完善制定财务、风控、人资等专项管理规定，确保子公司合法合规运行。

3）智慧能源城市试点建设工作。配合地方政府智慧城市建设，积极宣传推广综合能源业务，依托现有的能源互联各项技术，打造智慧能源试点项目。

（3）核心工作。

1）制订地区综合能源业务发展规划及方向。根据上级公司具体要求，确定年度综合能源专业工作发展方向、确定各地区工作目标，明确各工作具体要求，确保全年各项工作指标顺利完成。

2）寻找建立合作渠道，共同推动实施综合能源业务。①加强与政府合作，推动出台相关支撑政策，助力综合能源各类项目落地实施，共同打造综合能源服务示范项目。②尝试与地方国有企业、可行性研究机构等企业单位建立合作，共建共享综合能源服务生态圈，促成专业合作。

3）与社会供应商、高校共同探索拓展新商务模式、新技术实际应用可行性。结合业扩配套、电能替代等重点工作，与社会各界共同探索电能替代、节能改造等新型技术的实际应用；整合现有各项资源，探索研究基于网络平台的商务模式。

（二）综合能源业务简介

综合能源业务通过建立以电为中心、多种能源综合协调供应的局域能源互联网系统，利用自主研发的运行调控平台将配电设施、常规冷水空调、光伏、储能、风电、太阳冷热水等系统整合，实现各能源的在线监测、优化调度与全生命周期管理。通过建立多能源、多目标、多变量能源的协调优化模型，为客户能源制订经济效益最优、绿色节能最优、综合最优三种运行方案，通过调控平台完成各子系统的负荷、产能预测，下发调度控制，并根据实际运行情况，实时调度，实现方案目标。

1．综合能源业务类型

（1）能源供应。

1）大力发展新能源发电，推动清洁能源占比不断提升。

2）全面推进多能互补，提升客户综合能效水平。

3）积极推广冷热集中供应，促进客户再电气化。

4）开拓储能大规模应用市场，实现源网荷储友好互动。

（2）能源消费。

1）政企协作，推动公共建筑能源托管和能效提升服务。

2）依托高效节能技术，推动工业客户节能服务。

3）建立战略合作关系，推动园区综合能源打包服务。

（3）能源交易。

1）推动市场化售电，为客户降本增效。

2）集聚负荷资源，参与电力需求响应。

3）依托海量新能源及能效提升项目，筹备碳资产、绿证交易。

（4）平台经济。

1）建立分布式光伏一体化运营运维模式，集中承接运营运维服务。

2）创立客户侧储能集中运营模式，推动客户侧储能轻资产运营。

3）以综合能源服务平台为基础，开展能源数据与信息化服务。

2．综合能源业务内容

（1）综合能效服务。

1）能源托管服务。针对用能企业，对能源的购进、使用及用能设备效率、用能方式、政府节能考核进行全面承包管理，并提供资金进行技术和设备更新，进而帮助企业达到节能和节约能源费用的目的。能源托管服务重在管理，是向客户提供能源专家型的价值服务。同时，能源托管服务还对客户进行配电设备代维，并提供监测点接入，可通过大数据平台的算法，为客户提供能效提升方案。

2）节能改造服务。通过电机节能控制系统、综合能源管理系统、电力优化系统、加热炉智能燃烧控制系统、谐波治理等系统，形成独特的"整体控制、系统节能"的系列节能技术，在安全保障的基础上，既实现设备节能，又实现管理节能和工艺节能。同时接入综合能源管控平台，实现建筑综合能源的精细管理和增值服务，实现可控、可查、可视。

（2）充电设施建设与运营。在条件较好的地点建设充换电设施，为客户提供电动汽车充换电服务，收取服务费用获益。投资购买电动汽车，为政府、社会企业提供电动汽车租赁服务，收取租赁费用获取收益。

（3）能源交易服务。能源交易包括市场化售电、绿证交易等。市场化售电是电力客户向售电企业购买电能的交易，符合进入电力交易市场资格的客户与综合能源公司签署购电协议，享受低价、高效以及全方位增值服务，是现阶段最主要的业务。

3．商业模式

（1）销售模式。以出售方式向客户提供产品或服务，包括高效节能、储能等设备产品销售服务。

（2）合同能源管理（EMC）模式。即与客户签订能源管理合同，为客户提供能效诊断、改造等服务，并以节能效益分享等方式回收投资和获得合理利润。

（3）工程建设总承包（EPC）模式。即客户将综合能源项目的设计、设备与材料的采购及施工等全部委托给综合能源公司来完成的综合能源项目模式。

（4）建设运营移交（BOT）模式。即由综合能源公司投资建设综合能源项目，到达运营、维护约定的年限后，项目移交客户。

（5）政府和社会资本合作（PPP）模式。即由综合能源公司负责项目的规划、设计、投资、建设和运营，采用政府或客户付费的方式收回投资。

（6）建设移交（BT）模式。即由综合能源公司出资进行项目实施，客户按照合同约定的总价分期支付，由综合能源公司将项目移交客户。

（7）经营性租赁。即由综合能源公司按照客户要求提供设备，以租金形式回收设备全部资金，双方明确租让的期限和付款业务。在租赁期间，客户享有设备使用权，设备所有权归属综合能源公司。

4．综合能源业务拓展实施流程

综合能源项目的拓展分为挖潜、储备、实施三阶段。综合能源的潜力客户，可以是市场化售电客户、业扩配套需求客户，也可以在公共建筑、商业楼宇或工业园区中有针对性地寻找耗能较高的客户作为用能优化的潜力客户。

潜力客户确定后，由项目经理和技术支撑单位现场调研，具备可操作性的项目由潜力项目转储备项目。项目储备期间，由技术单位出具可研报告或技术方案，双方协商一致后签订合同，进入项目实施阶段。实施阶段，可为客户同步安装能效监测点，能源数据接入到能源云网平台进行大数据分析，为客户提供用能建议，提高能源利用效率。

项目建成投运后各项资料归档，并根据项目特色进行宣传报道。

（三）综合能源服务典型案例

1．项目背景

××医药城现已建设 4 个能源站，探索多元化综合能源服务，涵盖电能、供热、热水、制冷等一体化综合能源供应服务，形成区域内能源分散供给和网络共享。为提升能源站能效，项目将通过多种手段提升东部行政区能源站与 CMC 大厦能源站供能能力，提升能源站负荷率和经济性。

2．项目内容

（1）拟提升 3 号能源站空调能效和供应侧能力。①置换高效热泵机组替换原有能效低的 1 台麦克维尔 1.1MW 容量螺杆机和 1 台麦克维尔 5.04MW 容量离心机。②增设 1 台高效空气源热泵（CO_2 媒介）进行补热，有效提升能源站冬季高峰时段供热能力，同时提高运行可靠性。

（2）开展能源供应优化调节。依托综合能源服务平台，对能源站及供能客户进行用能在线监测，提供能效诊断分析等服务，展示项目成效。

（3）创新运用冷冻水多级泵系统。多种工况时，四次泵系统更简洁、灵活、节能，计量管理方便，完全填补了传统区域空调系统的不足。冷热水输送距离长达 1500m，泵送最大调节幅度为总泵送能耗 60%，适用于大型区域供冷供热系统，节能效果非常明显。

（4）水蓄能技术创新应用。建设 2400m³ 开式蓄冷水罐，高约 24m，利用夜间谷电蓄冷，白天放冷，降低制冷成本 50%，促使制冷机组高负载率、高效运行，进一步减少温损、降低水泵耗能，提升温差和转换效率。

3．效益分析

该项目结合××医药城能源站供能及周边楼宇、企业用能状况，以节能改造、优化能源供应方式为手段，创造盈利空间；使用储能、分布式光伏、人工智能节能改造等新技术，探索政府、电力企业、用能企业、设备供应商多方共赢的合作模式。项目实现整体盈利，区域能源供应可靠性明显上升；通过内部专业化、精细化的节能管控后，用能效率有效提升，*COP* 值提升至 4.3 以上；打造能源站打包托管典型综合能源服务模式，引领了综合能源服务发展。

二、电能替代业务

（一）电能替代业务工作简介

电能替代业务指以电能替代客户原有能源消费中煤炭、石油、天然气等化石能源的直接消费，提高电能在客户终端能源消费中的比重。

1．电能替代业务主要工作内容

电能替代主要技术领域包括热泵、港口岸电、电蓄冷、家庭电气化等。

2．电能替代业务相关岗位职责

（1）负责粮食电烘干推广工作，推动农业领域再电气化。全面开展空气源热泵粮食电烘干的推广建设，提升电烘干设施在粮食烘干行业的占比。同时，落实相关要求，结合乡村电气化工作，持续完善网络平台粮食烘干共享替代专区，积极引导粮食烘干服务中心接入网络平台，向广大粮食种植户推广宣传网络平台，促进网络平台的使用，切实提升粮食电烘干设施使用率。

（2）负责港口岸电的推广工作，推进沿江港口岸电高质量发展。负责进行沿江停靠船舶调研，在调研结果基础上，制订岸电布局及技术方案。同时与政府各主管部门深入沟通，推动港口岸电设施全覆盖，切实提升靠港船舶使用岸电设施频率，推广港口岸电以助力长江生态大保护。

（3）协助政府开展燃煤（油）锅炉"清零"。主动与地方环保部门及质监部门沟通，积极推广电锅炉，淘汰燃煤（油）锅炉，推动 10t/h 及以下燃煤锅炉"清零"。

（4）负责全市餐饮电气化、旅游景区全电气化的推广建设。推动旅游景区、城区主要步行街、商业美食街、大型商业综合体的厨炊电气化改造，重点推动临街商业餐饮店铺液化石油气钢瓶的淘汰，采用电厨饮进行替代。

（5）推动专项政策出台及宣传报道。推动地方政府出台专项技术领域（电窑炉、农业领域电烘干、电采暖、建筑领域电能替代等）补贴政策；在中央权威媒体及中国电力报、国家电网报、国家电网工作动态刊发节能、电能替代、需求侧管理等市场专业专项报道。

（二）电能替代业务主要技术领域

1．港口岸电

（1）技术原理。船舶靠岸时直接接驳码头供电装置，替代原来的船用辅机柴油发电，可通过提供岸电供电装置和改造船舶电气接驳装置实现，主要有高压（变频）、低压（变频）等模式。

（2）性能特点。

1）接驳安全、可靠、安装方便。

2）用电费用低于原燃油发电费用。

3）消除噪声、减少污染物排放。

4）自动化程度高，可实现不间断稳定供电。

（3）适用范围。适用于港口、长江及内河码头，可以满足停靠船舶的照明、通信、空调、水泵、夹板机械、吊车等用电设备的用电需求，可替代船舶辅助柴油发电机。

2．热泵

（1）技术原理。将空气、土壤、水中的热量通过热泵搬入房间或者水中（为建筑物空调系统供热、冷，建筑物热水供应），提高空调系统的制热性能系数（COP）值，达到节能降耗的目的。热泵可分为水源热泵、地源热泵及空气源热泵等类型。

（2）性能特点。

1）空调机组 COP 值高，运行效率高。

2）初始投资少，运行成本低。

3）运行简单可靠，维护费用低，自动控制程度高。

（3）适用范围。

1）水源热泵适用于水资源较为丰富的建筑物采暖和制冷。

2）地源热泵适用于具有较大空地的新建建筑采暖和制冷。

3）空气源热泵主要适用于我国南方地区采暖和制冷。因冬季气温低于−5℃时，空气源热泵制热效率大幅下降，一般不能在严寒地区使用。

3．电窑炉

（1）技术原理。以电能为驱动力，满足焙烧、热处理等生产工艺的窑炉,如电热隧道窑、铸造中频炉、倒焰窑、井式炉、马弗炉等。

（2）性能特点。

1）窑炉自动化程度高，温控简单准确，可提高产品附加值，提高产品合格率。

2）提高台时产量，利用低谷电价有效降低产品单耗及费用，经济效果好。

3）现场作业环境良好，绿色环保。

4）操作维护简单方便。

（3）适用范围。适用于金属压延、机械加工热处理、陶瓷烧制、钢铁铸造等使用燃煤、燃油等加热炉的行业，如在钢丝绳厂可以使用的井式炉、陶瓷行业的隧道炉等。

4．电蓄冷

（1）技术原理。使用制冷机组在夜间低谷电价时段满负荷制冷，制得的冷量以冷水或冰的形式储存在蓄冷装置中，在白天用电高峰时段，停运制冷机组，使用蓄冷装置中储存的冷量向建筑物供冷，一般包含蓄水和蓄冰两种形式。

（2）性能特点。

1）制冷机组的容量小于常规空调系统，空调系统相应的冷却塔、水泵输变电系统容量减少。

2）利用低谷电价，可有效降低空调系统运行费用，经济效果好。

3）可作为稳定的冷源供应，提高空调系统的运行可靠性。

4）相对湿度较低，空调品质提高，可有效防止中央空调综合症。

（3）适用范围。适用于建筑物空调制冷或现有空调系统能力已不能满足负荷需要或昼夜空调负荷不均匀的场所，也可替代使用燃气的溴化锂制冷机组。

5．电锅炉

（1）技术原理。以电力为能源，利用电阻发热或电磁感应发热，通过锅炉的热交换部位把热媒水或有机热载体（导热油）加热到一定程度（温度、压力）后，对外输出热能的一种机械设备，可用于替代原有燃用其他一次能源（煤、柴油、天然气等）的锅炉。

（2）性能特点。

1）控制简单、灵活、准确，可有效减少污染物排放。

2）蓄热式电锅炉充分利用峰谷电价，可以大幅度减少用电成本。

3）"电＋气"锅炉利用电能（尤其是利用谷电）对蓄热式储水箱中的水进行循环加热，将90℃热水供给天然气锅炉作为给水，可有效减少天然气消耗量，降低产汽成本。

（3）适用范围。适用于满足大面积建筑物，如医院、宾馆、酒店、高校的热水及工业用热需求等，可替代燃煤、燃气锅炉，其中"电＋气"锅炉可以对天然气锅炉进行有利补充，提高锅炉产汽量，降低燃气消耗。

6．家庭电气化

（1）技术原理。家庭电气化是以电能代替其他能源，让电能更广泛地运用于家庭生活的各个角落，实现厨房电气化、家具电气化和洁卫电气化。

（2）性能特点。

1）电炊具替代燃气、燃煤炉灶。电炊具热效率高、无污染、清洁干净；功能丰富、控制灵活、使用方便、安全可靠；电炊具的热效率可达90%以上，远远高于传统燃气灶55%左右的热效率。

2）电热水器替代燃气热水器。电热水器无污染、清洁干燥、安全；热效率可达95%，高于燃气热水器85%的热效率。同时，电热水器利用低谷电加热水，经济效益显著。

（3）适用范围。适用于居民家庭、宾馆、学校、洗浴、理发、火车、轮船等场所，替代燃气、燃煤炉灶，燃气热水器等。

（三）电能替代项目推广实施流程

电能替代项目推广实施流程共有三个阶段：潜力项目阶段、项目储备阶段、项目实施阶段。

1．潜力项目阶段

潜力项目的挖掘主要依靠政府网站公开的专项行动信息或前端客户经理反馈的客户用能信息，来寻找具备电能替代潜力的客户，或者关系良好的供应商、高校等后台团队推荐有替代需求的客户。

2．项目储备阶段

潜力项目转储备期间，由电能替代专职及技术支撑队伍进行现场调研，判断项目是否具备电能替代可行性，并初步确定电能替代技术。项目转储备后，由技术团队出具可研报告或技术方案。期间，项目专职可根据地市实际情况，推动当地出台相关优惠政策。

3．项目实施阶段

与客户就项目细节达成一致后，项目进入实施阶段，即与客户签订合同，同时开始施工建设。选取具有示范效应的项目进行主流媒体宣传报道。

电能替代项目的每一阶段均需在营销系统和电能服务管理平台进行录入归档。

（四）典型案例

1．项目背景

为响应支持市委市政府"全境旅游"发展和"两减六治三提升"的专项行动，打造"绿色发展"名片，××景区作为某市的知名旅游景点，委托××公司开展全电气化景区建设。

2．项目内容

在项目储备及实施阶段，工作人员走访采集了景区及景区周边村落采用柴油、燃煤、生物质燃料设备及用能情况，并根据调查情况制订多种建设方案。组织相关专家、厂家技术人员多次现场调研，针对方案的可行性及经济性进行论证修改，最终制订景区全域电气化建设方案。

（1）新建景区岸电接入系统一套，接入容量 160kW，并将出线、开关、插座等设备延伸至景区新设游船停泊位。

（2）新建景区电动汽车快充站一座，1 台 630kV·A 箱式变电站，8 根 75kW 直流充电桩。由于景区新停车场在建设中，该电动汽车快充站建设在水上森林景区停车场内。

（3）粮食烘干电能替代项目选用空气源热泵改造粮食专业合作社热泵热风炉 1 台，容量 36kW。

（4）建设景区电气化厨房 1 座，选址在景区大门北侧农家乐内。

3．效益分析

（1）景区岸电系统年用电量 2.46 万 kW·h，折算替代燃油 6.03t/年，燃油成本 6000 元/t×6.03t＝3.61（万元），电力成本 0.6 元/（kW·h）×2.64 万 kW·h＝1.47（万元），节约比例为（3.61－1.47)/3.61＝59%，减少 CO_2 等有害气体排放 19.48t/年。

（2）景区停车场电动汽车快充站的建成标志着景区电动汽车充电桩"零"的突破，

不仅满足了景区日益增长的电动汽车充电需求，还减少了大气污染，降低了汽车运行成本。以比亚迪 e6 先行者为例，每百公里耗电 19.5kW·h，每百公里电力成本＝1.4 元/（kW·h）×19.5kW·h＝27.3（元），而一辆同等功率的燃油车每百公里耗油为 8L，每百公里燃油成本元约 7 元/L×8L＝56（元）。电动汽车节约比例为（56－27.3）/56＝51%。

（3）粮食烘干电能替代项目，空气源热泵烘干成本 40 元/t，接近燃煤烘干成本 37 元/t，年用电量约 5 万 kW·h，折算节约标准煤 5.31t/年，减少 CO_2 等有害气体排放 53.61t/年。

（4）景区电气化厨房包括食品及住宿热水供应等，对周边农家乐电气化改造起到了良好的示范效应。

第三章 计量精益化管理及现场服务规范

第一节 计量专业服务规范

计量专业服务规范包括电能计量装置的配置与装拆；用电信息采集系统装拆运维及线损管理；计量装置在线监测及反窃查违；现场服务规范和计量新技术的应用等。

一、电能计量装置配置及装拆规范

（一）电能计量装置的定义

电能计量装置是由各种类型的电能表或计量用电压、电流互感器（或专用二次绕组）及其二次回路相连接组成的用于计量电能的装置，包括电能计量柜（箱、屏）。

（二）电能计量装置配置

运行中的电能计量装置按计量对象重要程度和管理需要分为Ⅰ、Ⅱ、Ⅲ、Ⅳ、Ⅴ五类。分类细则及要求如下。

（1）Ⅰ类电能计量装置，包括 220kV 及以上贸易结算用电能计量装置，500kV 及以上考核用电能计量装置，计量单机容量 300MW 及以上发电机发电量的电能计量装置。

（2）Ⅱ类电能计量装置，包括 110（66）～220kV 贸易结算用电能计量装置，220～500kV 考核用电能计量装置，计量单机容量 100～300MW 发电机发电量的电能计量装置。

（3）Ⅲ类电能计量装置，包括 10～110（66）kV 贸易结算用电能计量装置，10～220kV 考核用电能计量装置，计量 100MW 以下发电机发电量、发电企业厂（站）用电量的电能计量装置。

（4）Ⅳ类电能计量装置，包括 380V～10kV 电能计量装置。

（5）Ⅴ类电能计量装置，包括 220V 单相电能计量装置。

根据 DL/T 448—2016《电能计量装置技术管理规程》规定，各类电能计量装置配置准确度等级要求见表 3-1。

表 3-1   准 确 度 等 级

电能计量装置类别	准确度等级			
	电能表		电力互感器	
	有功	无功	电压互感器	电流互感器
I	0.2S	2	0.2	0.2S
II	0.5S	2	0.2	0.2S
III	0.5S	2	0.5	0.5S
IV	1	2	0.5	0.5S
V	2	—	—	0.5S

注 发电机出口可选用非 S 级电流互感器。

考虑不同电压等级、不同电价标准对电能表类型、准确度等级等的要求，业扩计量器具配置方案可参考表 3-2。

表 3-2   业扩计量器具参考配置方案

用户类型	配置方案					
	项目	高供高计总表	低压计量点（总表、非直接式）	低压计量点（总表、直接式）	低压计量点（分表、非直接式）	低压计量点（分表、直接式）
315kV·A 及以上大工业用户	电能表类别	智能电能表	智能电能表	智能电能表	智能电能表	智能电能表
	类型	7 时段＋RS485[①]	7 时段＋RS485[①]	7 时段＋RS485[①]	5 时段＋RS485	2 时段＋远程＋载波，2 时段＋远程＋载波（空仓）
	准确度等级	I 类电能计量装置 0.2S 级（D级），II、III类 0.2S 级（D 级）或 0.5S 级（C 级）	0.5S 级（C 级）	1.0 级（B 级）	0.5S 级（C 级）	1.0 级（B 级）
	电压	根据计量方式表电压为 3×57.7/100V 或 3×100V	3×220V/380V	3×220V/380V	3×220V/380V	3×220V/380V
	电流	1.5(6)A 或 0.3(1.2)A 或 0.015～0.075(6)A	1.5（6）A、0.015～0.075（6）A	5（60）A、10（100）A、5（60）A、10（100）A、0.2~0.5(60)A、0.4~1（100）A	1.5（6）A、0.015～0.075（6）A	5（60）A、10（100）A、0.2~0.5(60)A、0.4~1（100）A

续表

用户类型	配置方案			
	项目	高供高计总表	低压计量点（总分表、非直接式）	低压计量点（总分表、三相直接式）	低压计量点（总分表、单相直接式）
100kV·A 及以上非大工业客户、100~315 kV·A 大工业用户（同容量发电关口）| 电能表类别	智能电能表	智能电能表	智能电能表	智能电能表
	类型	5时段+RS485	5时段+RS485	2时段+远程+载波，2时段+远程+载波（空仓）| 2时段+远程+载波，2时段+远程+载波（空仓）
	准确度等级	Ⅰ类电能计量装置0.2S（D级），Ⅱ、Ⅲ类0.2S级（D级）或0.5S级（C级）	0.5S级（C级）	1.0级（B级）	2.0级（A级）
	电压	根据计量方式表电压为3×57.7/100V或3×100V	3×220V/380V	3×220V/380V	220V
	电流	1.5(6)A或0.3(1.2)A或0.015~0.075(6)A	1.5(6)A、0.015~0.075(6)A	5(60)A、10(100)A、5(60)A、10(100)A、0.2~0.5(60)A、0.4~1(100)A	5(60)A、10(100)A、0.2~0.5(60)A、0.4~1(100)A

用户类型	项目	分时电价三相（总、分表）	其他三相（总、分表）	单相
100kV·A 以下用户（同容量发电关口）	电能表类别	智能电能表	智能电能表	智能电能表
	类型	5时段+RS485	2时段+远程+载波，2时段+远程+载波（空仓）	2时段+远程+载波，2时段+远程+载波（空仓）
	准确度等级	0.5S级（C级）	1.0级（B级）	2.0级（A级）
	电压	3×220V/380V	3×220V/380V	220V
	电流	1.5（6）A、0.015~0.075（6）A	5（60）A、10（100）A、0.2~0.5（60）A、0.4~1（100）A、1.5（6）A、0.015~0.075（6）A	5（60）A、10（100）A、0.2~0.5（60）A、0.4~1（100）A

用户类型	项目	三相	单相
居民电价用户（同容量发电关口）	电能表类别	智能电能表	智能电能表
	类型	2时段+远程+载波，2时段+远程+载波（空仓）	2时段+远程+载波，2时段+远程+载波（空仓）
	准确度等级	1.0级（B级）	2.0级（A级）
	电压	3×220V/380V	220V
	电流	5（60）A、10（100）A、0.2~0.5（60）A、0.4~1（100）A、1.5（6）A、0.015~0.075（6）A	5（60）A、10（100）A、0.2~0.5（60）A、0.4~1（100）A

注 因为电线太粗，装拆比较困难，易发生接触不良烧表现象，所以直接表10（100）A、0.4~1（100）A方案应尽量避免。

① 为加快灵活费率电能表推广应用，打造费率远程动态调整的计量新模式，高效支撑政府电价改革政策落实，江苏省315kV·A及以上大工业客户可选用灵活费率智能电能表，即0时段+RS485。

（三）电能计量装置装拆工作规范

1．通用安全作业规定

（1）开工会。由工作负责人组织工作班成员进行开工会，主要向全体员工交代工作内容、人员分工、带电部位、现场布置的安全措施、工作危险点及防范措施，关注工作班成员身体状况和精神状态是否正常，能否正常工作，并确认每个工作班成员知晓并签字确认。开工会记录需要有照片、录音或纸质记录，形式可参考图 3-1。

开工会参考活术：我是××供电公司计量室××班组××，现在进行开工会，今日的工作票编号为 20210708-××-××。工作地点为×××工作任务是×××；工作人员分工为：×××；带电部位为：×××；工作危险点及应采取的安全措施包括：低压触电①×××；②×××；机械伤害：①×××；②×××。

图 3-1 某班组开工会照片记录

（2）收工会。由工作负责人组织工作班成员进行收工会，工作负责人检查确认所有人员已撤离，由工作班装设的地线已拆除，清理材料与工具，确保现场无遗留物。简要总结工作完成情况，对工作中违章情况进行批评，对无违章员工进行表扬，对工作中安全事项提出改进措施、不安全因素提出防范措施。

收工会参考话术：我是××供电公司计量室××班组××，现在进行收工会，今日的工作票编号为 20210708-××-××。工作地点为×××。今日工作任务已经全部完毕，接地线已全部拆除，工器具已全部收集整理，人员已全部撤离，现在收工。

（3）工作票开具。对应工作应开具相对应的工作票，具体见表 3-3。

表 3-3　　　　　　　主要营销现场作业类型与风险等级对应关系

序号	作业类型	对应工作内容	对应风险等级	宜使用的书面记录种类
1	高压互感器更换		四级	变电、配电第一种工作票
2	低压互感器更换		四级	变电、配电第一种工作票、第二种工作票
3	互感器现场校验		四级	变电、配电第一种工作票
4	接线盒更换	涉及不超过4个专业或2个单位或4个班组或作业人员超过30人的风险等级不超过三级的大型复杂作业	四级	变电、配电第一种工作票
5	变电站电能表、终端装拆及更换		四级	变电第二种工作票
6	变电站电能表现场校验		四级	变电第二种工作票
7	变电站内二次回路现场检验		四级	变电第二种工作票
8	变电站计量装置故障处理		四级	变电第二种工作票
9	高压电能表、终端装拆及更换		五级	配电第二种工作票
10	高压电能表现场检验	单一班组、单一专业或作业人员不超过5人的风险等级不超过四级检修作业	五级	配电第二种工作票
11	二次回路现场检测		五级	配电第二种工作票
12	高压计量装置故障处理		五级	配电第二种工作票
13	计量箱更换、安装	安装电能表箱、爬墙线	四级	低压工作票
14	低压采集运维		五级	低压工作票或其他书面形式
15	低压电能表、集中器新装、更换、拆除	不需要高压线路、设备停电或安全措施的配电运维一体化工作	五级	低压工作票
16	低压计量装置故障处理		五级	低压工作票
17	低压电能表现场检验		五级	低压工作票

工作票填写应注意：

1）工作票原则上用计算机填写，特殊情况下也可手工填写。工作票中所有手写内容应使用黑色或蓝色的钢（水）笔或圆珠笔，字迹清楚。工作票票面上的时间、工作地点、线路名称、设备双重名称（即设备名称和编号）、动词等关键字不得涂改。如有个别错字需要修改，应将错误内容划上双删除线"＝"，在旁边写上正确的字（不得使用修正液），做到被改和改后的字迹清楚，不得将要改的字全部涂黑或擦去。如果补充个别漏字，在补漏处用符号"∧"，并在下面添加遗漏的字。

2）工作票中的时间必须用阿拉伯数字填写。年份使用四位数字，月、日、时、分使用双位数字和 24h 制，例如"2022 年 09 月 01 日 09 时 05 分"。

3）填写工作票时，所有栏目不得空白，若没有内容应填"无"。所有签字时间按实际发生日期填写，不得胡编乱写，不应出现时间先后矛盾。

（4）安全技术措施。

1）停电。所有与工作地段有电气连接的线路和设备应全部断开。停电的线路和设备各端都应有明显断开点。对工作中有可能触碰的相邻带电线路、设备应采取停电或绝缘遮蔽措施。停电现场工作情况如图 3-2 所示。

图 3-2　停电作业与设备状态

2）验电。接地前，应使用相应电压等级的接触式验电器或测电笔，在装设接地线或接地隔离开关处逐相验电。验电前应先进行验电器或测电笔自测试验，以验证验电器或测电笔良好。验电工作现场情况如图 3-3 所示。

3）挂接地线。经过验电确认无电压后，挂设接地线，将所有相线和零线接地并短路。对于低压线路无法挂接地线，可采取绝缘遮蔽；在断开点加锁、悬挂"禁止合闸，有人工作！"或"禁止合闸，线路有人工作！"的标示牌等措施防止线路反送电。

4）设置围栏悬挂标示牌。在工作地点悬挂"在此工作！"标示牌。工作地点有可能误登、误碰的邻近带电设备时，应根据设备运行环境悬挂"止步！高压危险"等

图 3-3　验电工作现场情况

标示牌。在电源断开点加锁、悬挂"禁止合闸，有人工作！"或"禁止合闸，线路有人

工作！"的标示牌。现场装置如图 3-4 所示。

图 3-4　悬挂标示牌

在城区、人口密集区、交通道口或通行道路上施工时，工作场所周围应装设遮栏（围栏），并在相应部位装设警告标示牌。必要时，派人看管。

2．安全工器具配置要求

安全工器具配置要求如下：

（1）常用工器具金属裸露部分应采取绝缘措施，并经检验合格。螺丝刀除刀口以外的金属裸露部分应使用绝缘胶布包裹。

（2）仪器仪表、安全工器具应检验合格，并在有效期内。

（3）验电笔、验电器根据不同电压等级配置携带使用，应检验合格，并在有效期内。

（4）登高工器具根据需求携带使用。

（5）互感器现场检验应携带放电棒和绝缘杆。

3．计量装置装拆注意事项

电能计量装置装拆应注意以下工作要求：

（1）安装互感器时，电流互感器一次绕组与电源串联接入；电压互感器一次绕组与电源并联接入，电流互感器进线端极性符号应一致。同一组的电流、电压互感器应采用制造厂、型号、额定电流变比、准确度等级、二次容量均相同的互感器。

（2）安装电能表时，按照"先出后进、先零后相、从右到左"的原则进行接线。所有布线要求横平竖直、整齐美观，连接可靠、接触良好。导线应连接牢固，螺栓拧紧，导线金属裸露部分应全部插入接线端钮内，不得有外露、压皮现象。

（3）拆除电能表时，先验电确认电能表及接线无电，后拆除电能表进、出线，依次为先电压线、后电流线，先进线、后出线，先相线、后零线，从左到右。

（4）导线连接时，导线应采用铜质绝缘导线，电流二次回路截面积不应小于

$4mm^2$，电压二次回路截面积不应小于 $2.5mm^2$。

（5）短接和断开联合接线盒内连片时，应按照先电流、后电压的顺序，先短接联合接线盒内的电流连接片、再断开联合接线盒内的电压连接片。恢复联合接线盒内的电压连接片、恢复电流连接片的顺序为先电压、后电流。

（6）通电前需进行安装检查，确保互感器安装牢固，一、二次侧连接的各处螺丝连接牢固，接触面紧密，二次回路接线正确。对电能表安装质量和接线进行检查，确保接线正确，工艺符合规范要求。检查联合接线盒内连接片位置，确保正确。如现场暂时不具备通电检查条件，可先实施封印。

（7）通电后应确认电能表正常工作，客户可以正常用电。使用相位伏安表等核对电能表和互感器接线方式，防止发生错接线。用验电笔（器）测试电能表外壳、零线端子、接地端子应无电压。正确记录新装电能表各项读数，对电能表、计量柜（箱）、联合接线盒等进行加封。

4．高压电能计量装置接线方案

高压电能计量装置接线方案如图 3-5、图 3-6 所示。

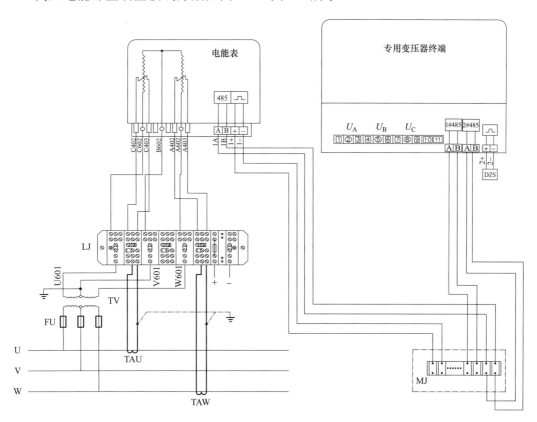

图 3-5　三相三线高压电能计量装置接线

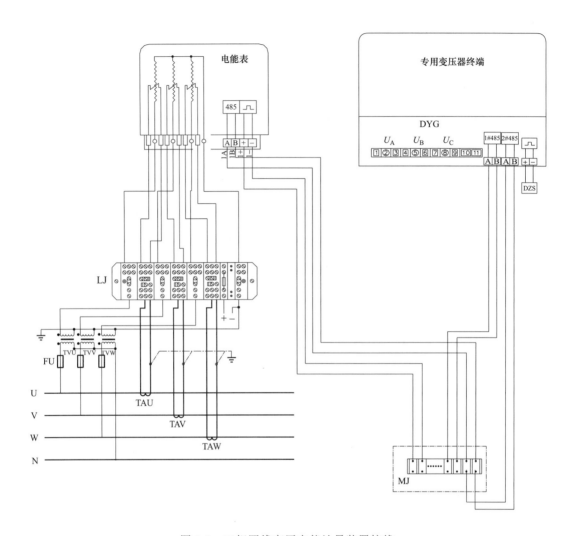

图 3-6　三相四线高压电能计量装置接线

5．经互感器接入式低压电能计量装置接线方案

经互感器接入式低压电能计量装置接线方案如图 3-7 所示。

6．直接接入式电能计量装置接线方案

直接接入式电能计量装置接线方案如图 3-8、图 3-9 所示。

7．低压计量箱现场装拆

安装计量箱时需注意：安装在公共场所时，暗装箱底距地面宜为 1.5m，明装箱底
距地面宜为 1.8m；安装在户内专用电能表间的单表位计量箱下沿离地高度≥1.4m，计
量箱最高观察窗中心线距安装处地面不高于 1.8m，多表位箱体下沿距安装处地面不宜
低于 0.8m，安装在地下建筑（如车库、人防工程等）时不宜低于 1.0m。

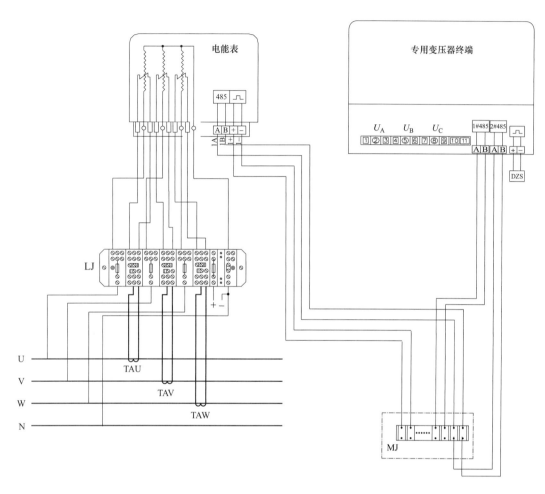

图 3-7 经互感器接入式低压电能计量装置接线

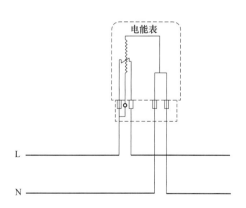

图 3-8 单相直接接入式电能计量装置接线

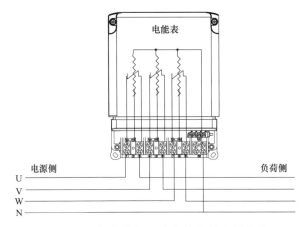

图 3-9　三相直接接入式电能计量装置接线

二、采集运维及线损管理

（一）用电信息采集系统简介

电力客户用电信息采集系统是对电力客户的用电信息进行采集、处理和实时监控的系统，实现用电信息的自动采集、计量异常监测、电能质量监测、用电分析和管理、相关信息发布、分布式能源监控、智能用电设备的信息交互等功能。

系统由设备层、通信层、主站层三部分组成，设备层的终端设备采集客户侧电量、负荷、开关状态等数据，并接入客户内部控制开关等；通信层是数据采集和控制下发的通道，采用专、公网双通道互为备用模式；主站层定时或实时与采集终端、电能表进行数据信息交换，并下发相关控制指令，对采集数据进行分析应用。具体结构示意如图 3-10 所示。

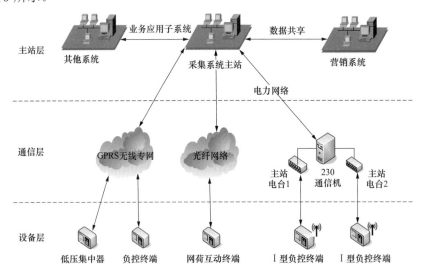

图 3-10　用电信息采集系统架构

（二）用电信息采集装置配置原则

用电信息采集终端是对各信息采集点用电信息采集的设备（简称采集终端），可以实现电能表数据的采集、数据管理、数据双向传输，以及转发或执行控制命令的功能。用电信息采集终端按应用场所分为专用变压器采集终端、集中抄表终端（包括集中器、采集器）、分布式能源监控终端、网荷互动终端等类型。用电信息采集装置配置可参考表 3-4。

表 3-4　　　　　　　　　　　　用电信息采集装置参考配置方案

供电电压	采集设备	配置要求
高压	Ⅰ型专用变压器采集终端	100kV·A 及以上的用户，原则上需安装Ⅰ型专用变压器采集终端，但对容量超过 100kV·A 及以上的路灯、临时用电、泵站、农灌、光伏电厂等用户可以安装Ⅱ型专用变压器采集终端
	Ⅱ型专用变压器采集终端	适用于 50～100kV·A 的高压用户（不含100kV·A），以及容量超过 100kV·A 及以上的路灯、临时用电、泵站、农灌、光伏电厂等用户
	网荷互动终端	容量较大的工商业高压用户建议安装（临时用电除外）
低压	Ⅱ型集中器	适用于低压光伏、充电桩、路灯、临时用电用户等有需要的场景
	采集器	适用于配电变压器计量关口为Ⅰ型集中器

（三）用电信息采集设备的装拆及验收

1. 低压用电信息采集设备装拆及验收

低压用电信息系统组网方式如图 3-11～图 3-13 所示。其中图 3-11 所示为Ⅱ型集中器方式组网，即主站＋Ⅱ型集中器＋RS485 电能表。这种情况适用于低压光伏、充电桩、路灯、临时用电客户等有需要的场景。图 3-12 所示为全载波方式组网，即主站＋Ⅰ型集中器＋载波电能表，集中器和载波表间使用低压电力线作为通信媒介。该模式方便台区改造。图 3-13 所示为半载波方式的组网，即主站＋Ⅰ型集中器＋采集器＋RS485 电能表，集中器和采集器间使用低压电力线作为通信媒介，采集器和 RS485 电能表间使用 485 线作为通信媒介。该模式方便兼容已存在的 RS485 电能表。

（1）集中器的安装。集中器的安装应注意以下工作要求：

1）Ⅰ型集中器应安装在变压器 0.4kV 母线侧，应安装在三相电源取电方便的变压器附近，安装位置应避免影响其他设备的操作。

2）应垂直安装，用螺钉三点牢靠固定在电能表箱或终端箱的底板上。金属类电能表箱、终端箱应可靠接地。

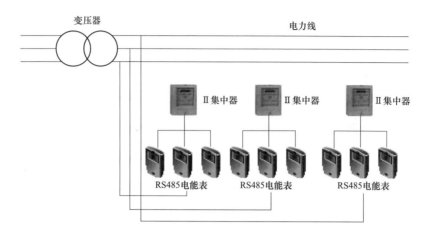

图 3-11　Ⅱ型集中器组网方式

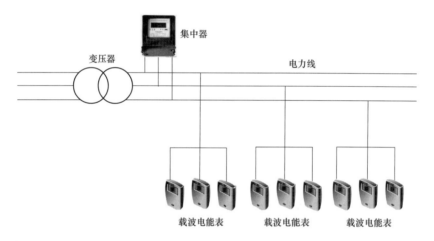

图 3-12　全载波组网方式

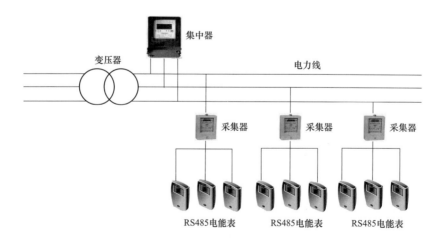

图 3-13　半载波组网方式

3）按接线图正确接入集中器电源线、RS485 通信线缆。在电能表上进行 RS485 通信线缆的连接时应采取强弱电隔离措施后进行。

4）集中器安装应考虑留有相应的空间，便于后期的维护。如在配电计量柜中时，应注意集中器距离母排的位置，保证后续调试、维护人员现场工作安全。

5）SIM 卡安装正确牢固。天线尽量引出并固定，避免与强电电缆平行，尽量安装在 GPRS 信号强度较好的地方。

6）信号薄弱的可增加外置天线、改变安装位置或移动公司加大信号等。

集中器安装方式如图 3-14、图 3-15 所示。

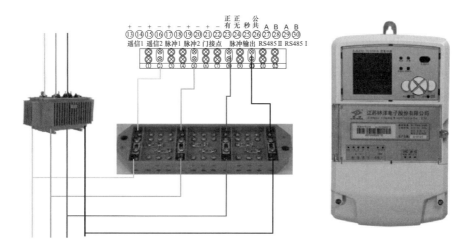

图 3-14　Ⅰ型集中器安装方式

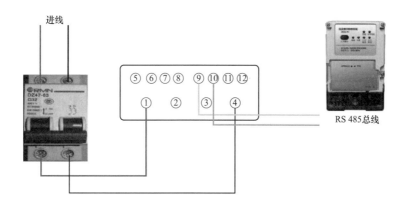

图 3-15　Ⅱ型集中器安装方式

（2）采集器的安装。采集器的安装应注意以下工作要求：

1）采集器采用单相电源供电，应取自表箱进线开关下桩头。电源线使用原装的 4 芯电缆，其中红色接电源、黑色接零线，黄色接 A，蓝色接 B。

2）采集器应安装在计量箱内，若计量箱内无安装位置，则在其边侧安装。安装箱体应有观察窗口便于红外调试终端和单元数据采集。采集器安装位置应避免影响其他设备操作。

3）采集器电源接线应与电能表电源进出线保持一定的距离，RS485 线与电能表电源进、出线，采集器电源进、出线也应保持相应距离。

4）RS485 通信采用总线结构，将所有电能表的 RS485 A、B 口分别按序串接，再与集中抄表终端的 A、B 口连接，不得采用星型或分叉连接。

5）RS485 通信线接线要正确牢固，不虚接、不反接、不错接。如进入 RS485 接口的连接线必须使用套管压接，部分电能表 RS485 接口螺丝不够长，需更换螺丝，确保接线牢靠。

采集器安装如图 3-16 所示。

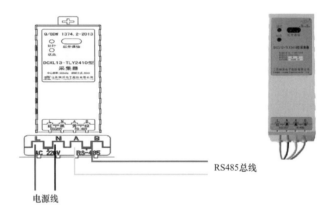

图 3-16　采集器安装

（3）采集器、集中器的拆除。拆除采集器、集中器时应先断开集中器、采集器供电电源，用万用表或验电笔测量无电后，先拆除电源线。将电能表停电或采用强弱电隔离措施后，先拆除电能表和集中器、采集器 RS485 数据线缆，然后按先后顺序拆除外置天线，拆除终端，移除集中器、采集器、RS485 数据线缆、外置天线。

2．高压用电信息采集设备装拆及验收

（1）专用变压器采集终端的安装。

1）终端宜安装在计量柜负控小室或其他可靠、防腐蚀、防雨，具备专用加封、加锁位置的地方。

2）安装终端时，面板应正对计量柜负控室窗口，以方便终端数据的查询和终端按键的使用，确保终端安装横平竖直，三点牢固固定，无晃动感。

3）终端内端子排的接线应整齐，电源线应使用四芯线，终端侧要可靠接线，用于接入脉冲信号的屏蔽电缆在终端侧也要可靠接地。

4）终端所取电源要保证终端执行完最后一轮跳闸后不失电，不得接入计量回路。

5）终端交采电压、电流应接入客户测量回路联合接线盒上桩头，不允许接入计量回路和保护回路。

终端设备与端子排接线如图 3-17、图 3-18 所示。

图 3-17 终端安装整体外观

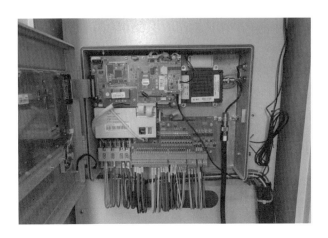

图 3-18 终端端子排接线

（2）电缆敷设。电缆敷设应注意以下工作要求：

1）电缆敷设应横平竖直，转角处满足转弯半径要求，不得陡折、斜拉，不得卷绕、拧劲。

2）电缆应沿管、孔、沟、道敷设，不得凌空飞线，不得摊放地面。若不得不使电缆横空跨越,室内应通过槽板、桥架,室外可依托钢丝绳。总之,要敷设整齐,不使电缆承受拉力。

3)每根电缆的两端应挂有规范的标示牌,标明电缆去向、规格等。芯线应套牌、标明编号。

4)电缆芯线原则上不得直接接设备元器件,一般必须经端子排过渡。

(3)设备侧接线。

1)终端遥信线所接的辅助触点对地绝不允许带有电位或带电压,必须是空接点,不要与其他带电的设备共用辅助接点。

2)交流采样装置的接入,应严格遵循不能影响客户计量回路、保护回路可靠性原则,电压、电流严禁接入计量回路。

3)终端电源线宜采用 $2 \times 2.5 \text{mm}^2$ 铠装电缆,控制线、信号线均宜采用 $2 \times 1.5 \text{mm}^2$ 双绞屏蔽电缆。脉冲和抄表线应采用具有屏蔽层的 RVVP 型电缆,线径不小于 0.5mm^2。交流采样电流线必须采用 KVV 控制电缆,线径不小于 4mm^2。

(4)天馈线安装。天馈线安装应注意以下工作要求:

1)天线支架应垂直固定,固定螺丝应采用热镀锌材质,防止腐烂;安装必须稳固,必要时加拉线固定。

2)天线与支撑杆的固定角应成 90°,天线方向对准基站方向,天线前方应无遮挡物,天线接收场强应能达到 18dB 以上,高速终端应达到 22dB 以上。

3)天线引出的馈线应与支撑杆用铜扎线固定,馈线与天线的连接处应可靠旋紧,并有防雨措施,防止雨水浸入螺纹处日久生锈。

天馈线安装如图 3-19 所示。

图 3-19 天馈线安装

3．分路负荷采集与控制

（1）高压用户分路负荷控制与采集接入原则。分路采集单元接入原则综合考虑安全性和经济性，优先接入用户末端低压负荷 380V 出线断路器，对同类负荷可直接接入用户内部 10kV 及以上高压断路器，必须避免接入保安负荷。

（2）分路负荷接入方案及典型设计。分路采集接入典型设计见表 3-5，各设计方案方式如图 3-20～图 3-24。

表 3-5 分路采集接入典型设计

序号	设计方案	实现方式	设备
1	总表脉冲直接接入	原有总计量电能表有功功率脉冲输出至终端端子	专用变压器采集终端、计量表
2	分表脉冲直接接入	原有分计量电能表有功功率脉冲输出至终端端子	专用变压器采集终端、计量表
3	柜体盘表直接接入	原有柜体盘表有功功率脉冲输出至终端端子	专用变压器采集终端、柜体盘表
4	新增采集表接入	安装开口式互感器采样自有互感器电流，通过新增采集电能表量后输出有功功率脉冲至终端端子	专用变压器采集终端、智能采集表、二次互感器
5	补装回路采集设备	安装一次互感器采样分路电流，通过新增采集电能表量后输出有功功率脉冲至终端端子	专用变压器采集终端、智能采集表、一次互感器

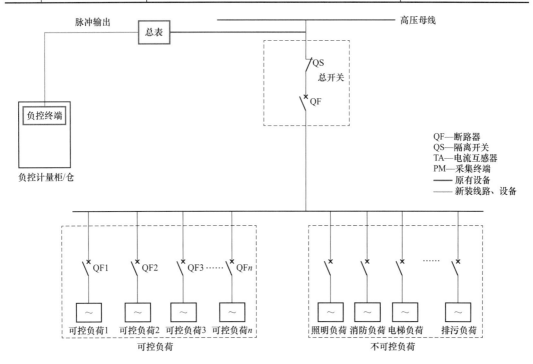

图 3-20 总表脉冲直接接入

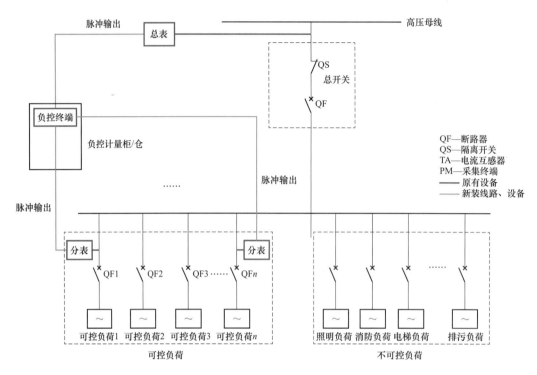

图 3-21　分表脉冲直接接入

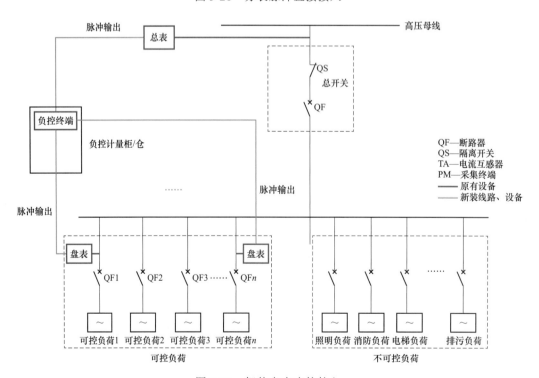

图 3-22　柜体盘表直接接入

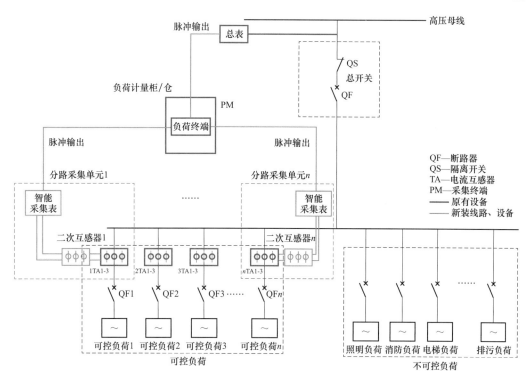

图 3-23　新增采集表接入

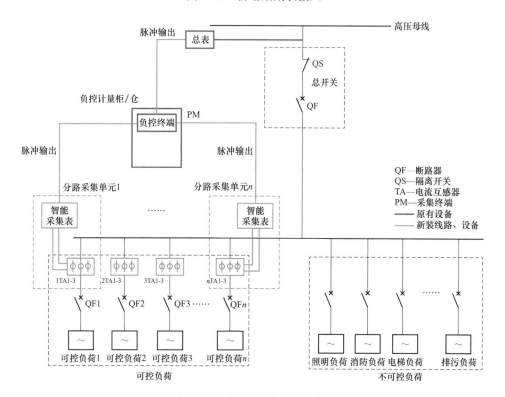

图 3-24　补装回路采集设备

（四）用电信息采集系统故障查处

1. 用电信息采集系统故障分类及处置原则

用电信息采集系统故障可分为终端离线、终端频繁登录主站、数据采集失败、采集数据时有时无、数据采集错误、事件上报异常六大类。故障现象甄别和处置原则为：优先排查主站，逐级分析定位，批量优先处理，一次处置到位。

2. 低压用电信息采集系统故障原因及处理

低压用电信息采集系统故障原因可分为主站参数设置异常、远程通信异常、本地通信异常、终端异常、电能表异常五大类。

（1）主站参数设置异常（见表3-6）。

表 3-6 主站参数设置异常常见故障及处理

序号	故障现象	故障原因	故障处理
1	全部用户数据采集失败	参数设置错误	检查终端参数是否正确设置，包括表地址、波特率、通信规约、通信端口号、序号、用户大（小）类号等，正确设置后重新下发
2		终端任务未下发或配置错误	检查终端任务是否正确下发，包括日冻结、电压、电流、功率曲线、分钟级采集数据等任务，正确设置后重新下发
3		台户关系错误	核对台户关系，正确设置后重新下发
4	数据采集失败，但透抄电能表实时数据成功	终端任务未下发或配置错误	检查终端任务是否正确下发，包括日冻结、电压、电流、功率曲线、分钟级采集数据等任务，正确设置后重新下发
5		台户关系错误	核对台户关系，正确设置后重新下发
6	部分用户数据采集失败	参数配置不准确	检查表地址等参数，正确设置后重新下发
7	采集终端频繁上下线	终端心跳周期参数设置过长	重新设置终端心跳周期参数
8	数据采集错误	参数设置错误	检查主站与现场电能表测量点档案是否一致，终端参数是否正确设置，包括表地址、波特率、通信规约、通信端口号、序号、用户大（小）类号等，正确设置终端参数后重新下发
9	事件上报异常	事件参数未设置或设置错误	检查终端事件有效性和重要性参数设置是否正确，正确设置事件参数后重新下发

（2）远程通信信道异常（见表3-7）。

表 3-7 远程通信异常常见故障及处理

序号	故障现象	故障原因	故障处理
1	全部用户数据采集失败	移动运营商网络问题	联系运营商解决
2		移动基站检修	联系运营商解决
3		线路停电检修或故障抢修	—
4		安装地无信号或信号极弱或有屏蔽	寻求移动运营商解决或把天线引出屏蔽外
5		采集主站前置机宕机或关闭	重启服务器或前置机软件
6		SIM 卡未开通数据业务	更换数据业务正常的 SIM 卡
7	部分用户数据采集失败	SIM 卡接触不良、氧化或损坏	擦拭 SIM 卡金属片并重新安装,或更换新 SIM 卡
8	采集终端频繁上下线	运营商基站容量满	联系运营商解决
9		移动基站交叉地区根据信号强度在两个基站中不断切换	联系运营商调整基站信号增益或更换全球通卡

（3）本地通信信道异常（见表 3-8）。

表 3-8 本地通信信道异常常见故障及处理

序号	故障现象	故障原因	故障处理
1	全部用户数据采集失败	集中器接线异常,如相线与零线颠倒、电压未连接、零线虚接等	及时更改错误接线,并固定牢固
2		RS485 总线断路或短接	查明断路、短路原因并重新接线
3	部分用户数据采集失败	RS485 接线脱落、断线、反接、接错	及时更改错误接线,并固定牢固
4		集中器自身某一相电压交采异常	及时更改错误接线,并固定牢固
5		载波抄表,存在杂波干扰	联系载波方案提供厂家协助解决

（4）终端异常（见表 3-9）。

表 3-9 终端异常常见故障及处理

序号	故障现象	故障原因	故障处理
1	全部用户数据采集失败	通信模块损坏或通信模块芯片方案与现场采集的芯片方案不匹配	更换载波通信模块
2		终端软件存在缺陷	召测终端软件版本号,若终端软件存在缺陷,升级终端软件

续表

序号	故障现象	故障原因	故障处理
3	全部用户数据采集失败	通信参数设置错误	通过终端面板按键或掌机检查终端通信参数是否正确,如主站 IP、端口号、APN、用户名、密码、终端地址等参数,需正确设置参数
4		天线损坏或未安装天线	更换或安装新天线
5		时钟超差	终端对时
6		集中器自身内部故障	更换集中器
7	部分用户数据采集失败	采集器自身内部故障	更换采集器

（5）电能表异常（见表 3-10）。

表 3-10　　　　　　　　　　电能表异常常见故障及处理

序号	故障现象	故障原因	故障处理
1	数据采集失败	电能表死机、黑屏、掉电等	重启或更换电能表
2		电能表时钟异常	主站对时钟偏差在 5min 内的电能表可进行远程校时,对时钟偏差超过 5min 的电能表可进行现场校时。若校时仍不成功,则更换电能表
3		载波模块故障	需更换载波通信模块
4		RS485 通信端口故障	修复 RS485 通信端口或更换电能表
5		电能表 RS485 通信正常,但电阻与 RS485 总线线路电阻不匹配	需更换电能表或加装合适的电阻
6	采集数据错误	电能表停走、飞走、倒走、示值不平等	更换电能表
7		错误接线,包括相序错、电压断、电流短、极性反接等	更正接线

3．高压用电信息采集系统故障原因及处理

高压用电信息采集系统故障原因与低压用电信息采集系统故障原因类似,此外,因专用变压器采集终端需对用户的断路器状态进行遥控和遥信,故用户设备对高压用电信息采集系统运行会产生影响。

（1）主站参数设置异常（见表 3-11）。

表 3-11　　　　　　　　　主站参数设置异常常见故障及处理

序号	故障现象	故障原因	故障处理
1	用户全部数据采集失败	参数设置错误	检查终端参数是否正确设置，包括表地址、波特率、通信规约、通信端口号、序号等，正确设置后重新下发
2		终端任务未下发或配置错误	检查终端任务是否正确下发，包括日冻结、电压、电流、功率曲线、分钟级采集数据等任务，正确设置后重新下发
3		采集主站前置机宕机或关闭	重启服务器或前置机软件
5	数据采集失败，但透抄电能表实时数据成功	终端任务未下发或配置错误	检查终端任务是否正确下发，包括日冻结、电压、电流、功率曲线、分钟级采集数据等，正确设置后重新下发
7	用户部分数据采集失败	参数配置不准确	检查表地址等参数，正确设置后重新下发
8	采集终端频繁上下线	终端心跳周期参数设置过长	重新设置终端心跳周期参数
9	电能表数据采集错误	参数设置错误	检查主站与现场电能表测量点档案是否一致，终端参数是否正确设置，正确设置终端参数后重新下发
10	功率数据异常	参数设置错误	应核对终端脉冲 TA、TV、K 参数，如不正确需重新下发
11	遥信异常	参数设置错误	检查动断、动合参数与实际是否对应，如不正确需重新下发
12	遥控异常	参数设置错误	检查终端是否处于保电状态，遥控命令下发前需解除保电

（2）远程通信信道异常（见表 3-12）。

表 3-12　远程通信异常常见故障及处理

序号	故障现象	故障原因	故障处理
1	全部用户数据采集失败	前置机到电台链路不通	检查光纤、2M、微波、串口直连等通信链路情况。如链路不通，联系通信部门协助解决通道故障
2		通信服务器设置不正确	检查通信服务器网络设置、电台端口、波特率等，并正确设置
3		前置机配置不正确	检查并正确配置
4		电台故障	更换电台
5		天线安装不规范	检查天馈线、终端接头有无松动。确保天线的正前方无遮挡，天线的振子平面垂直于大地平面
6		天馈线系统松动或驻波比不达标	重新连接或更换天馈线

序号	故障现象	故障原因	故障处理
7	全部用户数据采集失败	移动运营商网络、信号、基站问题	联系运营商解决
8		SIM 卡未开通数据业务	更换数据业务正常 SIM 卡
9	单个用户数据采集失败	存在长发干扰	现场检查是否存在系统间的干扰或有终端电台长发并处理
10		场强信号强度不达标	增加天线高度或者调整天线方向
11		客户侧天线安装不规范	检查天馈线、终端接头有无松动。确保天线的正前方应无遮挡,天线的振子平面垂直于大地平面
12		客户侧天馈线系统驻波比不达标	更换天馈线
13		SIM 卡接触不良、氧化或损坏	擦拭 SIM 卡金属片并重新安装,或更换新 SIM 卡
14	采集终端频繁上下线	移动基站交叉地区根据信号强度在两个基站中不断切换	联系运营商调整基站信号增益或更换全球通卡
15		运营商基站容量满	联系运营商解决

（3）本地通信信道异常（见表 3-13）。

表 3-13　　　　　　　　　本地通信信道异常常见故障及处理

序号	故障现象	故障原因	故障处理
1	电能表冻结数据采集失败	RS485 接线脱落、断线、反接、接错	及时更改并固定牢固
2	电能表脉冲数据采集失败	脉冲线脱落、断线、反接、接错	及时更改并固定牢固
3	遥信数据采集失败	遥信线脱落、断线、接错	及时更改并固定牢固
4	开关遥控失败	遥控线脱落、断线	及时更改并固定牢固
5		遥控线接错	检查开关控制方式与接线方式是否一致,分励脱扣应在被控开关侧将控制线并接跳闸回路,终端侧接动合接点;失电压脱扣应在被控开关侧将控制线串接跳闸回路,终端侧接动断接点,需及时更改并固定牢固

（4）终端异常（见表 3-14）。

表 3-14   终端异常常见故障及处理

序号	故障现象	故障原因	故障处理
1	主站召测终端无回码	终端死机、黑屏、掉电等	重启或更换电能表
2		终端软件存在缺陷	召测终端软件版本号,若终端软件存在缺陷,升级终端软件
3		通信参数设置错误	检查电台频道、行政区码、地址等参数并正确设置
4		天线损坏或未安装天线	更换新天线
5		电台模块掉电或电台坏	重新上电或更换电台
6	电能表冻结数据采集失败	终端抄表口损坏或接触不良	更换抄表口或终端
7	电能表脉冲数据采集失败	终端脉冲口损坏或接触不良	更换脉冲口或终端
8	遥信数据采集失败	终端遥信口损坏或接触不良	更换遥信口或终端
9	遥控失败	终端遥控口损坏或接触不良或继电器不动作	更换遥控口或终端

（5）电能表异常（见表 3-15）。

表 3-15   电能表异常常见故障及处理

序号	故障现象	故障原因	故障处理
1	数据采集失败	电能表死机、黑屏、掉电等	重启或更换电能表
2		电能表时钟异常	主站对时钟偏差在 5min 内的电能表可进行远程校时,对时钟偏差超过 5min 的电能表可进行现场校时。若校时仍不成功,则更换电能表
3		脉冲口故障	更换电能表
4		RS485 通信端口故障	修复 RS485 通信端口或更换电能表
5		电能表 RS485 通信正常,但电阻与 RS485 总线线路电阻不匹配	更换电能表或加装合适的电阻
6	采集数据错误	电能表停走、飞走、倒走、示值不平等	更换电能表
7		错接线,包括相序错、电压断、电流短、极性反接等	更正接线

（五）线损精益化管理及异常处理

线损是供电企业一项综合性的经济技术指标,是企业利润的重要组成部分,在电

电力营销服务规范培训教材

力体制改革的今天，线损更是输配电价定价的重要依据。线损大小决定于电网结构、技术状况、运行方式、潮流分布、电压水平及功率因素等多种因素，同时还受到电网的规划设计及电网建设的制约。线损的大小不仅反映了电网的运行管理水平，还反映了供电企业的经营管理水平，因此降损管理在供电企业的发展中越发重要。

1．线损的分类和构成

按线损的特点可分为可变损耗、不变损耗（或固定损耗）和其他损失。

可变损耗是电网各元件中的电阻在通过电流时产生的，其大小与电流的平方成正比。不变损耗（或固定损耗）与负荷电流的变化无关，与电压变化有关。其他损失也称为管理损耗或不明损失。常见的线损原因见表3-16。

表3-16 按特点分类的线损原因

损耗类型	损耗原因
可变损耗	导线线路中电能传输的损耗
	变压器线圈中的损耗（铜损）
	互感器、电能表电流线圈中的损耗
	电动机铜损、励磁回路损耗
不变损耗（或固定损耗）	变压器铁损（空载损耗）
	电容器的介质损耗
	电能表电压线圈和铁芯中的损耗
	电动机摩擦损耗、磁滞损耗
不明损耗	用户违章用电和窃电的损失
	电网漏电损失
	抄表中的差错损失
	计量仪表误差损失

2．线损异常及处理

（1）引发线损异常的原因及处理。线损异常主要表现形式为长期异常和突发异常两种，其中长期异常相对复杂，处理难度较大；突发异常可通过对比正常与异常期间电量突变情况和原因进行处理，处理难度相对较小。线损长期异常常见原因见表3-17。

表3-17 线损长期异常常见原因

线损异常因素	常见原因
档案因素	台区总表电流互感器档案倍率与现场不一致
	台区内经互感器读入客户档案倍率错误

续表

线损异常因素	常见原因
档案因素	台户关系不一致
	用户计量点档案与现场不一致
	用户调整流程归档不同步
统计因素	用户长期超容用电
	总表与用户电能表电流不同步
计量因素	集中器载波或集中器与模块不匹配
	互感器故障
	用户电能表故障
采集因素	台区采集设备（集中器、采集器）多数设置错误
窃电因素	台区存在长期窃电行为
技术因素	台区供电半径过大
	低压线路导线线径过细
	台区配电变压器三相负荷不平衡
	台区配电变压器功率因数低
	台区供电设施老旧

线损突发异常常见原因见表 3-18。

表 3-18   线损突发异常常见原因

类型	常见原因
档案因素	新增、变更用户引起台户关系不对应
	业务系统新增、变更用户档案信息与现场不一致
	新增、变更光伏发电用户档案错误
	新增、变更用户采集档案错误
	新增、变更互感器配置不合理
统计因素	电能表超容
	新增无表临时用电用户
计量因素	客户电能表出现故障
	电能表错接线
	电能表时钟超差
	新增、变更互感器倍率错误
	用户互感器故障

续表

类型	常见原因
采集因素	采集设备突发故障
	用电量采集失败
窃电因素	用户短时窃电、分时窃电
技术因素	短时恶劣天气引发设备漏电

（2）常见线损异常的处理。

1）台区总表或经互感器接入用户电流互感器档案倍率与现场不一致，即系统内总表或经互感器接入用户配置电流互感器倍率档案与现场不一致，将直接影响台区供电量的准确计算。该异常通常由于现场业务变更后业务人员数据录入不及时或不准确造成。可通过组织开展现场参数核查，并依据现场参数对档案数据进行比对，对错误数据进行修改，同时系统间的数据同步机制可实现数据同源管理。

2）台区档案不完整，即台区未安装总表或台区下无用户电能表档案，造成系统无法建模计算线损。该异常通常由于公用配电变压器改造完成后未及时完成关口表安装及低压用户档案调整造成。可通过原因分析，对无总表的台区完成总表的安装，对未挂接低压用户的台区完成台区用户的挂接，对不具备安装总表、挂接低压用户的台区进行停运处理。

3）台户关系不一致，即系统台户关系与现场不一致造成用电量统计错误。该异常通常由于现场台户关系变更而系统未同步变更、挂接表箱错误、营配调异动接口未启用等原因造成。可利用台区识别仪等设备进行现场排查，依据排查结果完成GIS图形修正，并启用营配调异动接口，使正确的台户关系由营配调贯通推送至营销业务应用系统，同步实现营销业务应用系统、采集系统台—户关系的更新。

4）分布式电源上网电量未统计，即分布式电源（光伏发电）余电上网，上网电量未纳入台区供电量计算，造成台区负损。该异常通常由于系统光伏发电客户档案设置错误造成，需根据实际情况更新档案。

5）台区供电半径过大，即由于个别台区客户过于分散，以及村队用电持续延伸，造成台区供电范围半径过大。需对台区低压供电线路进行改造，比照D类供电区域，供电半径建议不大于500m。

6）低压线路导线线径过细，即因为低压线路导线线径过细，不满足正常负荷载流量的要求，引起导线发热，进而产生过多不必要的损耗。该异常通常由于台区设计建设标准低、投运时间长、线路老化改造进度慢，跟不上台区客户负荷增长需要造成，需调换线径过细的低压导线。

市区、经济发达城镇地区的低压架空线路主干线导线截面积建议不小于 $120mm^2$，其他地区建议大于 $70mm^2$，分支线截面积建议不小于 $35mm^2$。

7）三相负荷不平衡，即台区三相负荷分配不均匀，导致台区三相电流不平衡，进而引发高损。可将不对称负荷分散接在不同的供电点，以减少接入点过于集中造成的不平衡；或使用交叉换相等办法使不对称负荷合理分配到各相。

8）台区功率因数低，即台区内无功补偿不足、设备老化或大马拉小车引起功率因数低，台区有功损耗大。需配置低压电容器进行无功补偿，电容器容量应根据配电变压器容量和负荷性质，通过计算确定。一般按配电变压器容量的 10%～30%配置电容器。补偿到变压器最大负荷时其高压侧功率因数不低于 0.95。

9）台区重过载。可通过用采系统监测台区负载率情况，按照就近原则割接台区，保证台区经济运行，减少电量损失。

10）电能表、互感器、二次回路接线异常，包括电能表电流回路进出线接反、电能表电流回路与集中器电流回路并接引起分流、接入电能表同一组计量元件的电流、电压来自不同相别引起电能表不计量或少计量、现场电能表出现有负荷但是不走字、无负荷却潜动、电能表液晶显示示数与采集到的数据不一致、台区总表时钟与用户分表时钟不同步、台区电能表电能示值数据未冻结或采集的不是冻结数据、电流互感器二次回路进出线接反、电流互感器故障（开裂、烧毁）、互感器二次回路负荷超过额定负荷，以及联合接线盒电流、电压回路连接片位置错误、松动或脱落引起电能表失电流、失电压。螺丝压接式连接点导线绝缘层未完全剥除导致螺丝与导体接触不良，引起过热造成计量偏差等。针对该类异常，需加强新投运设备验收把关，同时加强计量装置在线监测，及时发现并解决异常。

三、计量装置在线监测及反窃查违

（一）常见计量装置异常的发现及处理

电压、电流数据异常、电量数据异常等常见的计量装置异常原因见表 3-19。

表 3-19   常见电压、电流数据异常原因

异常类型	异常原因
电压电流数据采集失败	主站设置错误
	现场停电
	接线松动脱落
	计量装置损坏

续表

异常类型	异常原因	
电压采集数据异常	接线异常	端子排松动
		接线接触不良
		剥线不足造成压皮或断线
		接线错误
		熔丝烧断
	电能表异常	采集模块元件损坏
		脉冲输出故障
		单片机程序损坏
	互感器故障	电压互感器绝缘材料质地不均或制造工艺造成的局部放电
		密封不良或进水受潮导致的绝缘不良
		互感器倍率设置错误
	采集终端故障	交流采样模块异常
电流采集数据异常	接线异常	端子排松动
		接线压皮或脱落
		接线盒烧坏或连接片未打开
		接线错误
	电能表异常	采集模块元件损坏
		脉冲输出故障
		单片机程序损坏
	互感器故障	互感器损坏
		互感器倍率设置错误
	采集终端故障	交流采样模块异常
功率采集数据异常	接入相序有误	
	电流进出线反接	

电量数据异常原因见表 3-20。

表 3-20　　　　常见电量数据异常原因

异常类型	异常原因
电量数据采集失败	终端、电能表存在故障
	RS485 接口、接线异常

续表

异常类型	异常原因
电量数据采集失败	电能表使用的通信规约、通信方式、通信地址（出厂号、局编号）设置有误
	终端软件不具备适应该种电能表通信规约的抄读程序
	终端上行通信不正常
电量数据冻结异常	电能表档案设置有误
	终端与电能表间 RS485 接线异常
	存在信号干扰
	自动任务参数设置错误
	电能表内部存储或终端数据存储错误
	主站解析错误
	计量装置时钟超差导致需量数据有误

（二）常见窃电手段的发现及处理

常见窃电方法见表 3-21。由于电能是无形的，不能大规模储存，被窃的瞬间即被使用，因此窃电无法以所窃电能来证明，只能以行为来认定。通过采集数据分析，可以辅助排查窃电行为。

表 3-21　　　　　　　常 见 窃 电 方 法

窃电方法	原理
强磁干扰窃电	利用强磁场影响计量设备核心元器件工作，例如影响电能表内震荡电路，并造成电能表失准
分流法窃电	短接计量用互感器二次接线端子或电能表内部电流回路，通过分流，造成少计电量或使得采样电流减少为零
分压法窃电	破坏掉电能表零线的进线端，在零线的出线端接入电阻箱等窃电装置，并接入其他家零线，通过电阻分压，减少电能表的端电压，进而使得电能表少计电量
加装遥控装置	在电能表内部加装自动投切装置，控制窃电回路的开闭进行分流或分压，开关闭合时窃电回路接通，进行窃电。开关断开时，电能表又恢复正常计量
更换互感器窃电	将计费互感器更换成更大变比的互感器，并把检定过的互感器铭牌和合格标签粘贴到更换后的互感器上
加装整流设备窃电	在电能表后负载侧增加半波整流电路，将供电线路中的正弦波电流转变成半波电流。半波信号中的直流分量使得电流互感器铁芯饱和，造成计量失准

常见的窃电排查方法如下：

（1）线损曲线分析法。对于线损曲线呈"马鞍形"的高损台区或线路，通过绘制线路或台区一段时间内的线损曲线，将该台区或该线路上的用户负荷曲线与线损曲线相比较，高损时段的曲线关联性约高，嫌疑越大。

（2）用电数据分析法。根据用户的行业类别确定其负荷特性，对以下几种用电情况关注并排查：①负荷曲线明显不符合行业特性；②三相电流不平衡度明显异常；③零火线电流偏差较大；④功率因数明显异常；⑤用户负荷与容量偏差较大；⑥出现电量突减现象。

（3）开盖记录分析法。对开盖事件发生后，用电量明显变化的用户重点关注。

四、现场服务规范

（一）防串户管理

为进一步规范电能表防串户管理，需要按照"全面杜绝新上用户错接线；严格控制轮换、改造用户错接线；开展计量装置改造'回头看'工作"的工作思路开展。

（1）全面杜绝新上用户错接线。强化作业现场风险防控，加强新上小区计量业务管理，明确网格化服务模式下，从设计图纸审查到调试验收的全过程工作要求。

（2）严格控制轮换、改造用户错接线。对于电能表轮换、改造施工，施工结束后同步开展用户签字确认工作，一次确认率建议达到70%以上。

（3）开展计量装置改造"回头看"工作。深化采集系统错接线智能分析功能应用，实现疑似错接线的在线监测和自主核查。强化计量串户防范治理，按照"发现一起、核查一类、解决一片"原则，对存量错接线小区开展全量核查。

1．批量新装用户防串户

（1）竣工验收前。对计量箱安装、接线工艺、门牌标识等开展中间检查，在计量装置等施工完成后，开展计量箱内表位至空气断路器线路的核对工作。

（2）竣工验收时。按照"每户必查、逐户核对"的原则，采取万用表测电阻、对线法等方式，再次核对表位、出线断路器、进户线三者的一致性，履行签字手续。

（3）装表送电时。根据电能表装拆清单，对应门牌和表位安装电能表。安装完成后，采取一对一送电的方式，再次核对户表关系，履行签字手续。

（4）交房复核。电能表安装调试完毕后，应将电能表在系统内置于停电状态。现场交付时，挨户与业主确认信息后，完成远侧（就地）复电，再次核对户表关系，履行用户签字确认手续。

2．计量装置改造防串户

（1）户表关系核对。根据改造清单核对电能表资产号、用户地址等信息，并按要求对计量箱进行拍照。改造前应核查户表关系，如发现串户，协助用户解决电费问题后，方可进行施工。改造施工过程中采用逐户送电方式，核准户表（电能表—空气断路器—用户）关系，确保"箱门—表位—空气断路器"各处房号标识对应一致，表尾进出线、空气断路器两侧加装号码管或挂牌，填写"户表关系核查清单"或利用移动作业终端完成串户排查记录。施工结束后同步开展用户签字确认工作，对于施工当日用户不在家等原因未完成签字确认的，应张贴告知书，并开展电量分析工作。

（2）工单溯源核查。对新发属实错接线投诉、意见工单小区，按照"发现一起，核查一片"的原则，对该施工单位当批次施工范围开展全量核查，及时消除区域内投诉隐患。

3．批量轮换防串户

（1）换表作业前。至少提前3天在小区公示栏和单元楼栋张贴通知单，在物管、社区（村委会）备案。公告上必须印有作业目的、作业内容、作业时间及工作负责人和换表人员联系方式。

（2）换表作业中。通过按显检查换表前后电流是否正常，对换表前有电流、换表后电流为0的务必现场与用户核查确认。

（3）换表作业后。逐户上门由用户和换表人员分别在"换表底数告知单"上签字确认（姓名及联系电话），共同确认电能表底度数、户表关系、用户用电无异常。若用户不在家，应将"底度确认单"粘贴在门上，并拍照留档。

（4）业务流程传递。批量轮换后1个工作日完成业务流程传递，并按要求上传换表前张贴通知单、换表后底度确认，以及旧表总、峰、谷电量照片。

4．零星换表防串户

（1）换表前必须现场通知用户或提前电话方式联系用户约定换表时间，留存告知佐证。换表过程中用户必须在场或在用户许可下进行。

（2）换表后逐户上门由用户和换表人员分别在"换表底数告知单"上签字确认（姓名及联系电话），共同确认电能表底度数、户表关系、用户用电无异常。一式两份，一份必须交给用户。

（3）业务流程传递换表后1个工作日完成业务流程传递，并按要求上传换表前张贴通知单、换表后底度确认，以及旧表总、峰、谷电量照片。

（二）用户申校服务管理

根据照《国家电网公司供电服务"十项承诺"》要求，受理客户计费电能表校验申请后，应严格执行电能表申校工作流程，在5个工作日内出具检测结果。电能表检定结果不合格且用户对检定结果认可时，应及时测算并退补响应的电量电费。

1．现场校验

收到用户申校工单后，应在2个工作日内完成现场检测任务。现场检测工作完成后，检测人员应认真做好"电能表现场检测记录"，根据检测结果填写"电能表现场检测结果通知单"（一式两份），并请用户签字确认，一份提交用户，一份存档留证。

2．实验室校验

现场检测不合格及不具备现场检测条件的电能表，应书面告知用户，获得用户签字认可后将电能表拆回，安排进行实验室检定，并应在 2 个工作日内完成实验室检定工作。实验室检定工作完成后，检定结果合格的应按照规定格式向用户出具"检定证书"；检定结果不合格的则出具"检定结果通知书"。

3．法定计量检定机构检定

用户对实验室检定结果仍有异议的，应委派专人与用户一同将电能表送本地区技术监督局指定的法定计量检定机构检定。

（三）设备主人制巡视

根据《国家电网有限公司低压用户电能计量装置设备主人制管理办法》，现场巡视工作要求如下：

（1）现场巡视分为周期巡视、临时巡视、特别巡视三类，其中周期巡视至少应每年开展一次；临时巡视为设备主人或其他工作人员日常工作过程或日常路途中同步开展的现场巡视工作；特别巡视是作为周期巡视、临时巡视的补充。设备主人在下列情况下应开展或组织开展特别巡视：一季度内同一台区发生两次及以上计量类用户投诉、电能表烧毁、计量箱烧毁；同一台区的计量装置存在两处及以上错接线或影响安全的计量装置缺陷；可能对计量装置安全运行产生重大影响的重大灾害前后；所在单位或设备主人认为需要开展特别巡视时。

（2）不需开箱的巡视应检查计量箱外观、安装、封印、锁具、周围环境、杂物、异物、接地等内容。

（3）开箱的巡视应在不开箱检查内容的基础上，增加对隔离开关、断路器、电能表、终端、互感器的封印、运行状态、接线工艺等的巡视。

现场巡视的结果应及时拍照记录上传，并及时整改。缺陷定级标准可参考 Q/GDW 745—2012《配电网设备缺陷分类标准》的相关要求。

（四）用户缴费复电管理

为做好用户缴费后复电管理要求，应做好以下工作：

（1）定时筛选已缴费的停电用户。

（2）对自动复电失败的用户，由人工发起系统复电流程。

（3）对系统复电失败的用户，应及时前往现场复电。

（4）复电成功后，在系统里对电能表电流、继电器状态等进行透抄，核实用户是否复电成功，如透抄电流为 0，则应与用户电话沟通确认，核实用户是否复电成功，避免产生优质服务风险。

第二节 计量专业案例解析

一、常见计量装置异常的发现及处理

（一）电流异常

通过用电信息采集系统中运行监测模块导出异常清单，逐户查看近几天电流曲线，并现场核查确认异常原因。

1. 反接线

如图 3-25 所示，容量为 500kV·A 的某房地产开发公司，计量点电压等级 10kV，计量方式为高供低计，其用电信息采集系统数据显示电能表 C 相电流异常，疑似反接线。

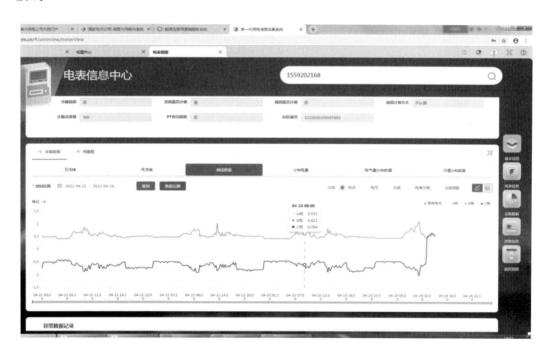

图 3-25 某房地产开发公司电能表 C 相电流波形

工作人员现场查看发现，计量装置封印完整，经排查发现接线盒 C 相电流接反，如图 3-26 所示。调整接线后，电能表电流恢复正常，如图 3-27 所示。此类异常为装表接电工作质量问题引起。

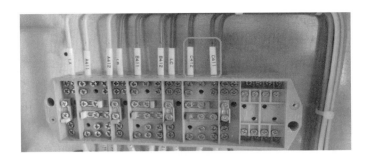

图 3-26　接线盒 C 相电流反接情况

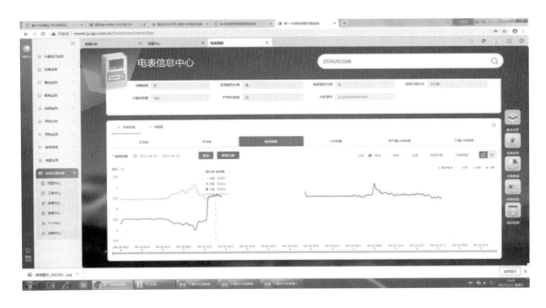

图 3-27　电流恢复正常后波形

2．错接线

如图 3-28 所示，容量为 500kV·A 的某织布厂，TA 变比为 800/5，其用电信息采集系统数据显示 C 相失流。

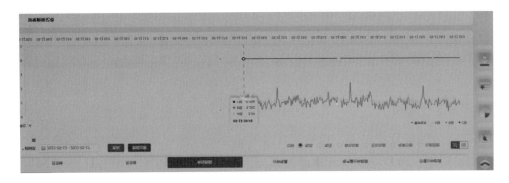

图 3-28　某织布厂 C 相失流波形

工作人员至用户处现场核查发现，计量柜、电能表、互感器、联合接线盒封印齐全，现场检查电能表运行情况，电能表 I_a 为 2.192A、I_b 为 2.265A，I_c 为 0.095A，初步判断 C 相欠（失）流。

经现场深入排查发现，该用户 C 相二次电流出线与 C 相电压线接错，造成 C 相二次电流异常。现场经用户负责人确认后恢复正确接线，如图 3-29 所示。

3．二次接线松动

用电信息采集系统数据显示某电磁线厂 C 相失流，电流波形如图 3-30 所示。

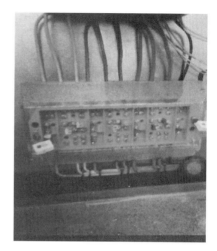

图 3-29 正确接线后接线方式

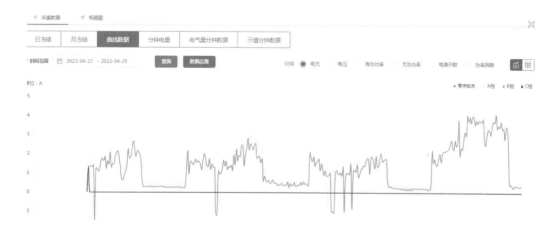

图 3-30 某电磁线厂 C 相失流情况下电流波形

工作人员到现场检查，确定为更换电能表时电能表 C 相电流出线螺丝未拧紧，造成 C 相电流虚接，C 相偶尔出现电流，但绝大部分时间没有电流。现场处理后故障解除。

（二）电压异常

通过用电信息采集系统中运行监测模块导出异常清单，逐户查看近几天电压曲线，分析出疑似失压、欠压等异常清单，再通过现场核查确认异常原因。

1．接线错误

容量 800kV·A 的医材公司计量点综合倍率为 1000。用电信息采集系统数据显示该用户计量点 1 的 A 相、C 相电压欠压，如图 3-31 所示。

图 3-31　某医材公司计量点 1A、C 相欠压时电压波形

工作人员到现场检查，确定为更换电能表时 B 相电压线接线错误，导致电量少计一半，接线恢复正常后电压异常现象消失。现场电能表接线与接线盒电压情况如图 3-32、图 3-33 所示。

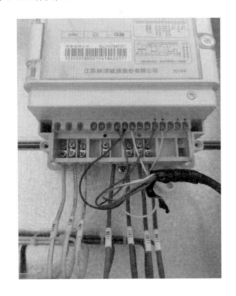

图 3-32　B 相接错插孔

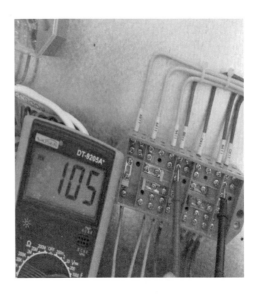

图 3-33　接线盒电压

2. 互感器故障

容量为 7360kV·A 的某职业学校，用电信息采集系统数据显示其电能表 C 相欠压，电压波形如图 3-34 所示。

工作人员到现场检查，确定为电压互感器和电流互感器腐蚀老化，造成 C 相欠压，更换互感器后恢复正常，如图 3-35 所示。

图 3-34　某职业学校电能表 C 相欠压时电压波形

图 3-35　互感器腐蚀老化情况

3．接线接触不良

容量为 250kV·A 的某塑料合金厂，计量点电压等级为 10kV，TA 为 80。用电信息采集系统数据显示该户 A 相失压，电压波形如图 3-36 所示。

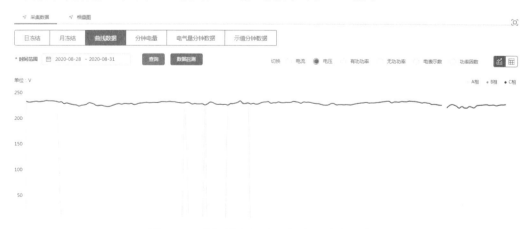

图 3-36　某塑料合金厂 A 相失压时电压波形

工作人员到现场检查，确定为 A 相电压二次线与电缆连接处发热严重，接触不良，造成 A 相失压，重新接线后恢复正常。现场电能表示数与接线如图 3-37、图 3-38 所示。

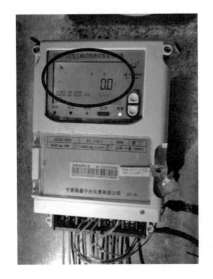

图 3-37　现场电能表示数

图 3-38　现场接线示意

（三）需量异常

通过用电信息采集系统中计量管理看板中需量异常统计模块分析需量异常，导出异常清单并核查。经分析发现，需量异常现象主要包括平均功率大于本次需量，需量发生时刻不在当月等。

1．平均功率大于本次需量

某科技公司月用电量 92237822.4kW·h，经计算得出平均功率为 106.7567，大于月最大需量 0.3993。现场核查为电能表冻结异常，用电信息采集系统用电量示数如图 3-39 所示。

序号	日期	正向有功					正向无功					总	尖(费率1)
		总	尖(费率1)	峰(费率2)	平(费率3)	谷(费率4)	总	尖(费率1)	峰(费率2)	平(费率3)	谷(费率4)		
7	2021-11	2232537.6	0	713462.4	815566.8	703509.6	547920	0	176160	207720	164040	0	0
8	2021-12	2486590.8	0	810223.2	898002	778365.6	627600	0	207360	232560	187560	0	0
9	2022-01	2482820.4	0	814860	893156.4	774802.8	681360	0	223680	255840	202080	0	0
10	2022-02	2094658.8	0	686341.2	770962.8	637354.8	534600	0	174000	204360	156240	0	0
11	2022-03	2490573.6	0	810496.8	904417.2	775660.8	630000	0	206400	235440	187920	0	0
12	2022-04	92237822.4	0	2934272...	3425914...	2863583...	26535480	0	8467440	10327680	7740480	0	0

图 3-39　用电信息采集系统用电量示数

2．需量发生时刻不在当月

某织布厂日需量发生时刻及月需量发生时刻均异常。经现场核查确认为电能表时钟异常导致需量发生时刻不在当月，显示示数如图 3-40 与图 3-41 所示。

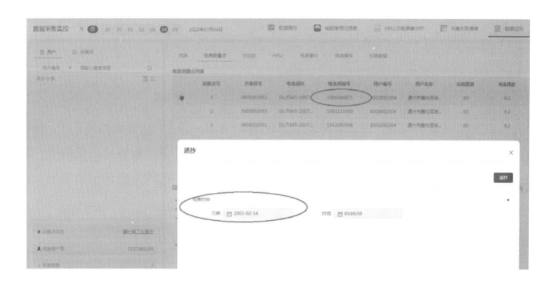

图 3-40　需量发生时刻不在当月

图 3-41　透抄电能表时钟异常

（四）采集数据异常

1．电能表故障

某低压居民用户电能表电压、电流规格为 220V/5（60）A，抄表周期为单月抄表。工作人员在处理抄表示数异常时，发现该用户电能表示数出现倒走现象，且电能表示数倒走后不再冻结（见图 3-42），而曲线数据电能表示数仍正常采集，（见图 3-43）。

图 3-42　用电信息采集系统日冻结示数

图 3-43　用电信息采集系统曲线数据（电能表示数）

　　工作人员到现场检查，确定电能表显示的数据与前一日 23 时数据相差不大。因该终端下其他 147 块电能表冻结示数正常，且对电能表透抄日冻结数据后，仍与原日冻结示数一致，判断为电能表故障，更换电能表后恢复正常。现场电能表示数及前一日电能表曲线如图 3-44 所示，透抄日冻结数据如图 3-45 所示。

图 3-44　现场电能表示数及前一日电能表曲线示数

图 3-45　透抄日冻结数据

2．电能表飞走

容量为 8kV·A 的居民用户，营销拆表底度数 18307.6，用电信息采集系统示数 15435.2。两个数据不一致。营销系统拆表时流程录入 18307.56，用电信息采集系统最后冻结示数为 15435.23，如图 3-46、图 3-47 所示。

示数类型	上次抄表示数	上次抄表日期	本次抄表示数	本次抄表日期	操作时间
正向有功（总）	15350	2021-09-01	18307.56	2021-09-18	2021-09-18 14
正向有功（峰）	9839	2021-09-01	11337.11	2021-09-18	2021-09-18 14
正向有功（谷）	5511	2021-09-01	6970.45	2021-09-18	2021-09-18 14

图 3-46　营销系统装拆示数

图 3-47　用采系统冻结数据

图 3-48 所示为底数通知单和电能表拆表示数，实际拆表示数为 18307.56。

图 3-48　电能表示数

工作人员到现场检查，确定为表计接线端子氧化烧毁，导致电能表飞走。

3．尖走字异常

某铸造公司电能表类型为 8 时段＋RS485。电能表尖走字异常，透抄电能表时钟异常偏差，导致尖走字异常，偏差情况如图 3-49 所示，尖走字如图 3-50 所示。

时钟召测结果   ✕

序号	电表局宽产号	电表时钟	主站时间	偏差（S）
1	1531880633	2001-01-24 02:30:15	2022-05-03 16:37:12	671292417

图 3-49　电能表时钟超差

序号	日期	正向有功					正向无功			
		总	尖(费率1)	峰(费率2)	平(费率3)	谷(费率4)	总	尖(费率1)	峰(费率2)	平(费率3)	谷(费率4)
47	2022-03-17	12165.98	45.01	917.74	2757.13	8446.09	4689.08	37.34	749.1	1155.81	2746.82
48	2022-03-16	12159.61	44.87	916.71	2755.78	8442.23	4686.38	37.16	748.7	1155.15	2745.35
49	2022-03-15	12153.24	44.71	915.62	2754.3	8438.59	4683.71	36.97	748.32	1154.39	2744.01
50	2022-03-14	12146.57	44.01	914.45	2753.03	8435.06	4681.02	36.66	747.91	1153.76	2742.68
51	2022-03-13	12140.58	43.84	914.2	2751.03	8431.5	4678.45	36.48	747.68	1152.93	2741.34
52	2022-03-12	12133.5	43.04	913.22	2748.33	8428.89	4675.82	36.17	747.3	1152.08	2740.25
53	2022-03-11	12127.11	42.89	912.79	2746.29	8425.13	4673.21	36.02	747.04	1151.26	2738.88
54	2022-03-10	12120.87	42.76	912.32	2744.4	8421.37	4670.7	35.87	746.79	1150.5	2737.53
55	2022-03-09	12114.45	42.61	911.85	2742.49	8417.48	4668.08	35.69	746.52	1149.76	2736.09
56	2022-03-08	12107.52	42.38	911.17	2739.96	8413.99	4665.61	35.54	746.26	1148.92	2734.88
57	2022-03-07	12101.26	42.22	910.69	2738.17	8410.17	4663.08	35.36	745.99	1148.21	2733.51
58	2022-03-06	12094.89	42.02	910.27	2736.22	8406.36	4660.67	35.2	745.79	1147.57	2732.11
59	2022-03-05	12090.39	42.02	909.46	2734.16	8404.74	4658.6	35.2	745.36	1146.66	2731.37

图 3-50　用采电能表尖示数

经查，该用户电能表时钟偏差较大导致费率时段发生变化，尖峰走字。

二、常见窃电异常的发现及处理

通过用电信息采集系统监测用户电压电流曲线，分析三相电流不平衡用户，对比线路线损曲线，可以分析出疑似窃电清单，再通过现场核查确认异常。

（一）人为断开计量回路窃电

用电信息采集系统数据显示某用户 C 相规律性失电流、A 相规律性失电压，其相应波形分别如图 3-51 与图 3-52 所示。经对比分析，初步怀疑该用户可能存在二次回路故障或窃电。

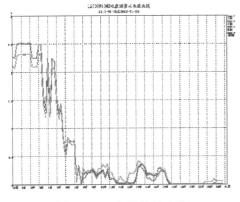

图 3-51 C 相规律性失流

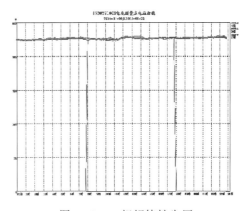

图 3-52 A 相规律性失压

根据现场核实发现，该用户通过打开互感器柜断开 A 相电压、C 相电流回路方式窃电，断开互感器 A 相电压线少计量 1/3 电量，断开互感器 C 相电流线少计量 1/3 电量。现场接线情况如图 3-53 和图 3-54 所示。

图 3-53 A 相电压线被断开

图 3-54 C 相电流线被断开

（二）短接电流互感器回路

用电信息采集系统数据显示某用户功率极值长期仅为合同容量的 1/8，且三相电流不平衡，电流波形如图 3-55 所示。经分析，怀疑该用户存在窃电行为。

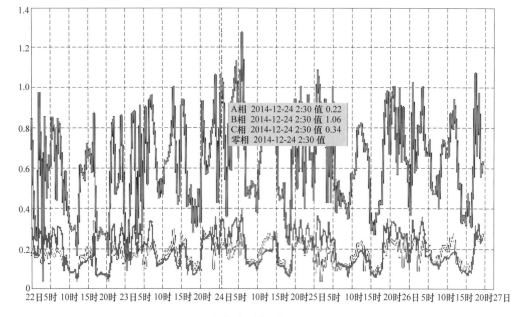

A相 2014-12-24 2:30 值 0.22
B相 2014-12-24 2:30 值 1.06
C相 2014-12-24 2:30 值 0.34
零相 2014-12-24 2:30 值

图 3-55　用电信息采集系统客户端电流曲线

经现场检查发现，该用户私自打开互感器柜，短接电流互感器，造成电流异常。互感器短接现场如图 3-56 所示。

图 3-56　现场检查发现互感器被短接

（三）短接接线盒电流连片窃电

用电信息采集系统数据显示某用户用电负荷异常，核查其所在线路线损发现线损阶段性大幅度升高，升高日期与其用电异常日期相吻合，怀疑似该用户有窃电行为。

经现场核查发现，该用户计量箱无封签，联合接线盒与电能表进出线电流明显异常。打开接线盒发现该用户擅自开启计量仓，短接接线盒 A、C 相电流，现场接线情况与测量值如图 3-57 所示。

图 3-57　接线盒连接片被短接

根据现场核查结果，查实该用户通过短接接线盒 A、C 相电流连接片窃电，更换联合接线盒后恢复正常。

（四）私自更换互感器窃电

用电信息采集系统数据显示线路线损波动幅度较大，通过对该条线路上大用户逐户进行电量核查，发现该用户存在电量突降现象，且突降电量与线路损失电量基本吻合。监控所得数据波形与数值如图 3-58 所示。

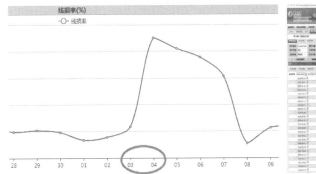

图 3-58　用户线损率曲线和用采情况

经核查，该用户高压 TA 变比系统内为 100/5，现场却是 250/5，为私换电流互感器导致，该用户窃电行为属实。现场检查情况如图 3-59 所示。

图 3-59　现场检查

第三节　新型电力系统中的计量专业

一、大数据服务电网供需平衡的用户负荷特征分析

通过企业用电特征大数据分析，可以实时掌握负荷调节潜力，生成用户负荷调节能力优先级清单并推送营销部门，为优化错峰方案、引导用户主动参与电网调节提供决策支撑。用户负荷特征分析架构如图 3-60 所示。

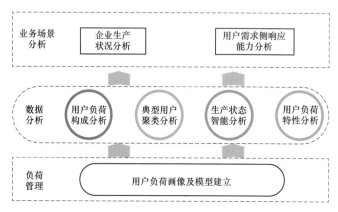

图 3-60　用户负荷特征分析架构

通过 K-means 聚类算法对海量负荷历史数据进行分析，生成负荷特征曲线。成本函数为

$$J=\sum_{i=1}^{k}\sum_{j\in c_k}\left(x^{(j)}-\mu_i\right)^2$$

确定每个样本数据所属的类别，其中 c_i 表示第 i 个样本所属的类别，$d(x_i, y_j)$ 表示第 i 个样本到第 j 个聚类中心的欧氏距离。寻找最优类别数，计算最优聚类的类别数 k；根据聚类结果，计算该行业的典型日负荷曲线。具体分析流程如图 3-61 所示。

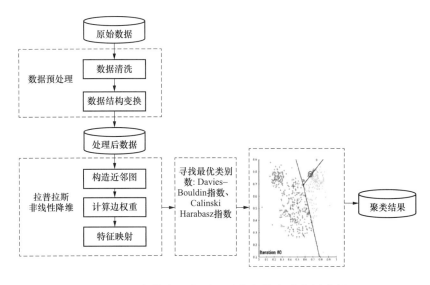

图 3-61 专线专用变压器用户负荷聚类分析流程

根据曲线相似度计算和企业生产状态分析确定专线专用变压器用户生产状态，提取对负荷曲线有明显指征作用的指标，形成反映用户生产特征的模型，精准掌握用户需求侧响应能力，引导用户主动参与电网平衡调节。

细分形成用户的日内用电、周用电、月用电、季度用电及季节用电的规律标签（见表 3-22），实现大用户负荷可调节能力在线评估，据此引导用户主动参与电网削峰填谷。

表 3-22　　　　　　　　　　　用电规律性标签

标签名称	标签维度	标签指标	指标分类
用电规律性 A	日内用电规律 A_1	日内工作时间 A_{11}	24h 工作制、非 24h 工作制
		日夜用电特性 A_{12}	日用电量大、夜用电量大、日夜用电相似
		早晚用电高峰特性 A_{13}	有无早用电高峰、有无晚用电高峰
		明显用电峰谷特性 A_{14}	有无明显用电峰谷特性
	周用电规律 A_2	周内作休制度 A_{21}	有无休息日
		周内用电相似度 A_{22}	有无工作日休息日规律
	月用电规律 A_3	月用电相似度 A_3	月用电相似度低（高）
	季度用电规律 A_4	季度用电相似度 A_4	季度用电相似度低（高）
	季节用电规律 A_5	高温敏感性 A_{51}	高温敏感（低温敏感）
		低温敏感性 A_{52}	

为了综合评价负荷在一天内的平稳程度，考虑了原有日负荷的峰谷差率、日负荷率，以及波动度、冲击度指标。

二、大数据服务群租房治理

（一）群租房特征模型的建立

群租房特征模型的建立需要获取系统内部数据和外部相关数据，其中内部数据包括营销档案数据、居民长期日用电数据，以及基于 HPLC 的居民的 24 点用电数据等；外部数据主要包括结构化地址类数据、房价、租金、公安提供黑样本数据等信息。具体建模策略与流程如图 3-62 所示。

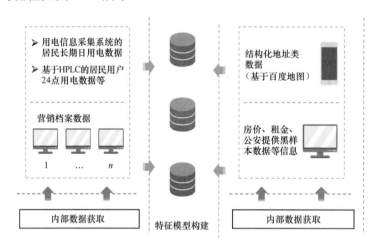

图 3-62　群租房特征建模流程与方案示意图

（二）群租房用电特征的识别

为了精准地对用户的行为进行画像，需要对不同时间粒度上的用户特征进行提取。

1．长期日用电特征提取

考虑到用户的用电行为是个长期行为的积累，故为了能精确的刻画用户的用电行为，对不同时间切片粒度上的用户进行了用电天数比例、用电均值、用电中位数、用电最小值、用电最大值、用电均方差不同维度的特征提取。

2．连续日用电特征提取

考虑到群租房存在一定的动态变化的特性，故为了能精确的刻画用户的近期动态行为，对用户近期的用电进行了进一步的细粒度特征提取，从而加强对该部分的用电行为的考虑。

3．24 点日用电特征提取

为了能刻画群租房的不同类型，进一步从高峰时刻特性、用电高峰占全天用电量特性、用电低峰特性、用电稳定性、单一时刻稳定性、单一时刻变动性、单天用电总时长特性、工作时段时长特性多个维度，对用电信息采集系统采集的 24 点日用电数据进行了详细的分析。

三、大数据服务"银发关怀"

（一）独居、空巢老人模型识别

整体识别模型按照数据清洗和补全、特征工程、生成样本、模型构建和训练、模型应用五个步骤进行，流程如图 3-63 所示。使用到的数据有用户近 2 年的日用电数据、近 2 年节假日数据、近 2 年天气数据。

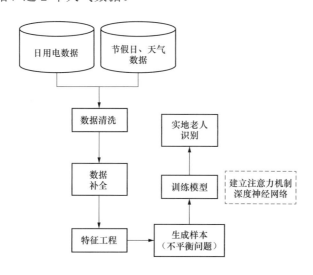

图 3-63　注意力机制深度神经网络建模流程

（二）独居、空巢老人准实时用电监测

监测方法：将一天划分为 24 个小时时间段，通过老人历史用电数据，分析出老人用电较为频繁的用电特征（在历史用电数据中统计用电概率超过 80%），如果当天没有此用电特征出现，则抛出告警，如果连续长时间无用电特征出现，则升级告警。其中，特征时段划分包括老人起夜用电、起床用电、中餐用电，晚餐用电、睡前用电等。部分老年群体一周用电情况可参考图 3-64 所示波形。

四、智能表自动复电新模式

传统复电模式下，对欠费用户实施远程跳闸后，一旦客户交费后触发远程合闸任务，当交费远程合闸失败时，需要运维人员及时到现场进行人工复电。自动复电新模式下，用户欠费停电时下发"跳闸＋n h 延时自动合闸"跳合闸综合指令（简称跳合闸综合指令），根据用户交费情况调整延时等待，如 n h 内客户交费，远程合闸失败客户利用智能电能表本地自动合闸复电；如 n h 内客户未交费，则提前 15min 下发延时指令，修订电能表自动合闸延时时间，直到用户交费后停止下发延时合闸指令，同时下发直接合闸指令，远程合闸失败的智能电能表本地延时自动合闸，确保用户及时用电。为减轻主站及通信压力，如用户 24h 后仍未交费，则不再进行延时，直接下发"跳闸指令"。业务整体流程如图 3-65 所示。

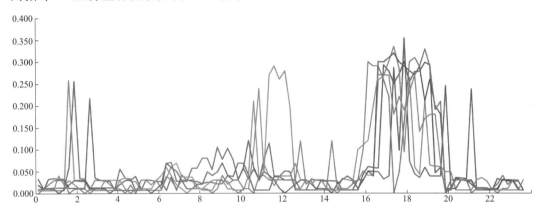

图 3-64　某老人一周用电视图

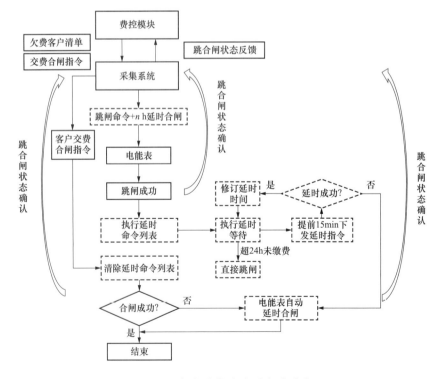

图 3-65　智能电能表自动复电流程

第四章　电费政策与交易市场化趋势

随着电力体制改革的深入，电力市场模式发生了很大变化，目前我国形成了以省级电力市场为基础、以跨省跨区市场为突破、以全国统一电力市场为方向的电力市场。电力体制改革核心在于建立一个真正有效的电力市场机制，还原电力商品属性，构建发电企业、电网企业、售电公司和电力客户间"按需发电、进行市场购售电"的市场化新形态。了解和掌握电力市场交易相关政策，有助于规范业务流程和更好服务用户，提升客户自主参与市场能力。

就建设与发展而言，江苏省电力市场位居全国前列，其所具备的特征与积累的经验具有参考与借鉴意义。本章以国家层面政策为指导、江苏省级文件与实践为基石开展介绍与说明。

第一节　电力市场化交易

一、电力市场化交易简介

（一）电力市场化交易介绍

电力市场交易指通过协商、竞价、挂牌等方式，就电能及其相关产品进行交易，通过市场方式确定价格和数量的机制。

（二）判断市场化用户方法

根据江苏省电力交易中心推送入市用户数据，工作人员可在营销 2.0 系统中使用【客户 360 视图】模块，在【用电客户视图】的【基本信息】页面里【市场化属性分类】参数中判断用户属性。

直接参与电力市场交易的用户【市场化属性分类】中，存在【市场化直购客户】、【市场化零售客户】、【市场化能效用户】、【部分市场化零售客户】、【市场化现货交易客户】、【市场化普通直购客户】、【市场化兜底客户】七种用户分类。

电网企业代理购电用户【市场化属性分类】中，存在【普通代购客户】【已注册未交易代购客户】、【退市代购客户】、【拥有燃煤自备电厂代购用户】、【高耗能代购用户】

五类用户。

（三）电力市场化交易适用对象

按照《国家发展改革委关于进一步深化燃煤发电上网电价市场化改革的通知》（发改价格〔2021〕1439号）、《国家发展改革委办公厅关于组织开展电网企业代理购电工作有关事项的通知》（发改办价格〔2021〕809号）、《省发展改革委关于进一步做好深化燃煤发电上网电价市场化改革工作的通知》（苏发改价格发〔2021〕1008号）文件精神，要求有序推动工商业用户全部进入电力市场，按照市场价格购电，取消工商业目录销售电价。对暂未直接从电力市场购电的用户由电网企业代理购电。居民（含执行居民电价的学校、社会福利机构、社区服务中心等公益性事业用户）、农业用电由电网企业保障供应，执行现行目录销售电价政策。

（四）电力市场主体的分类及售电侧主体的分类

1．电力市场主体的分类

售电侧市场改革后，电力市场主体发生了很大变化，目前电力市场主体包括各类发电企业、交易机构、电网企业（含地方电网、趸售县、高新产业园区和经济技术开发区等）、售电主体和电力用户，除此之外，还有政府相关监管机构和市场管理委员会。

2．售电侧市场主体的分类

售电侧市场主体包含电网企业、售电公司、电力用户。

电网企业指拥有输电网、配电网运营权（包括地方电力公司、趸售县供电公司），承担其供电营业区保底供电服务的企业，履行确保居民、农业、重要公用事业和公益性服务等用电的基本责任。

售电公司指提供售电服务或配售电服务的市场主体。售电公司可以采取多种方式通过电力市场购电，包括向发电企业直接购电、通过市场集中竞价购电、向其他售电公司购电等，并将所购电量向用户或其他售电公司销售。

售电公司分三类，其中，第一类是电网企业的售电公司；第二类是社会资本投资增量配电网，拥有配电网运营权的售电公司；第三类是独立的售电公司，不拥有配电网运营权，不承担保底供电服务。售电公司以服务用户为核心，以经济、优质、安全、环保为经营原则，实行自主经营，自担风险，自负盈亏，自我约束。鼓励售电公司提供合同能源管理、综合节能和用电咨询等增值服务。

同一供电营业区内可以有多个售电公司，但只能有一家公司拥有该配电网经营权，并提供保底供电服务。同一售电公司可在多个供电营业区内售电。

发电公司及其他社会资本均可投资成立售电公司。拥有分布式电源的用户，供水、供气、供热等公共服务行业，节能服务公司等均可从事市场化售电业务。

（五）电力市场化交易用户的定义

根据是否直接参与电力市场化，将用户分为直接参与电力市场交易的用户、电网企业代理购电用户。

1. 直接参与电力市场交易的用户

直接参与电力市场交易的用户又可分为：

（1）在电力交易中心或通过电力交易平台完成市场注册，直接和发电企业签订电能合同的用户。

（2）选择通过售电公司向发电企业购电的用户。

2. 电网企业代理购电用户

按照国家发展改革委《关于进一步深化燃煤发电上网电价市场化改革的通知》（发改价格〔2021〕1439号）、《国家发展改革委办公厅关于组织开展电网企业代理购电工作有关事项的通知》（发改办价格〔2021〕809号），取消工商业目录销售电价，推进工商业用户进入电力市场。对暂未直接从电力市场购电的工商业用户，由电网企业以代理方式从电力市场进行购电。

电网企业代理购电用户又可分为：

（1）选择由电网企业为其代理购电的用户。

（2）在规定期限内未进行市场注册也未选择由电网企业为其代理购电的用户，默认选择由电网企业为其代理购电（2021年12月1日之前为过渡期，暂按原目录销售电价水平执行）。

（3）已直接参与市场交易又退出的用户。

电网企业代理购电流程如图4-1所示。

（六）保底用户和保底电价

保底用户指居民（含执行居民电价的学校、社会福利机构、社区服务中心等公益性事业用户）、农业用电用户。这类用户由电网企业保障供应，执行现行目录销售电价政策。根据发改价格〔2021〕1439号文件精神，各地要优先将低价电源用于保障居民、农业用电。依据发改办价格〔2021〕809号文精神，执行代理购电价格机制后，电网企业为保障居民、农业用电价格稳定产生的新增损益（含偏差电费），按月由全体工商业用户分摊或分享。具体情况可参考表4-1、表4-2。

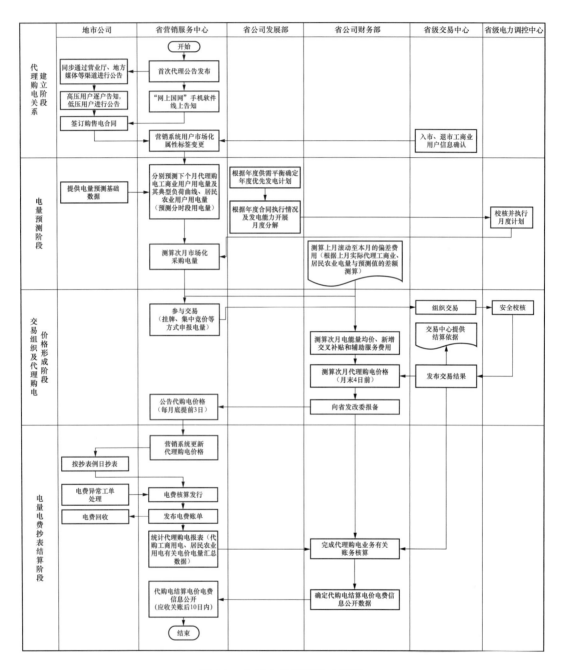

图 4-1　电网企业代理购电流程

表 4-1　　　　　　　　　　　江苏省电网销售电价表（居民生活用电）

启用时间：2021 年 10 月 15 日

用电分类（用电类别）		电压等级		电度电价 [元/（kW·h）]			
				未分时电价	分时电价		
					平段电价	高峰电价	低谷电价
居民生活用电	一户一表	不满 1kV"一户一表"居民用户	年用电量≤2760kW·h	0.5283	—	0.5583	0.3583
			2760kW·h<年用电量≤4800kW·h	0.5783	—	0.6083	0.4083
			年用电量>4800kW·h	0.8283	—	0.8583	0.6583
		1～10kV"一户一表"居民用户	年用电量≤2760kW·h	0.5183	—	—	—
			2760kW·h<年用电量≤4800kW·h	0.5683	—	—	—
			年用电量>4800kW·h	0.8183	—	—	—
		不满 1kV 服务于居民生活的电热锅炉蓄冰制冷用电		—	0.5483	—	0.2628
		1～10kV 服务于居民生活的电热锅炉蓄冰制冷用电		—	0.5383	—	0.2594
	合表	不满 1kV		0.5483	—	—	—
		1～10kV 及以上		0.5383	—	—	—
	执行居民电价的非居民用电	不满 1kV		0.5483	—	—	—
		1～10kV		0.5383	—	—	—

注　1. 以上所列价格，均含国家重大水利工程建设基金 0.085 分钱，均含国家大中型水库移民后期扶持资金 0.62 分钱。
　　2. 对国家明确规定执行居民用电价格的非居民用户，按其他居民生活用电价格标准执行。
　　3. 对民政部门认定的城乡最低生活保障对象家庭、特困供养人员和县级以上总工会认定的特困职工家庭，每户每月给予 15 kW·h 免费用电基数。
　　4. 文件依据《省发展改革委关于进一步做好深化燃煤发电上网电价市场化改革工作的通知》（苏发改价格发〔2021〕1008 号）。

表 4-2　　　　　　　　　　　江苏省电网销售电价表（农业生产用电）

启用时间：2021 年 10 月 15 日

用电分类（用电类别）	电压等级	电度电价 [元/（kW·h）]				
		未分时电价	分时电价			
			平段电价	尖峰电价	高峰电价	低谷电价
农业生产用电	不满 1kV	0.5090	—	—	—	—
	1～10kV	0.4990	—	—	—	—

续表

用电分类 （用电类别）	电压等级	电度电价 [元/（kW·h）]					
		未分时电价	分时电价				
			平段 电价	尖峰 电价	高峰 电价	低谷 电价	
农业生产用电	20～35kV 以下	0.4930	—	—	—	—	
	35～110kV 以下	0.4840	—	—	—	—	

注 1. 以上所列价格均含国家重大水利工程建设基金 0.42 分钱。
　　2. 文件依据《省发展改革委关于进一步做好深化燃煤发电上网电价市场化改革工作的通知》（苏发改价格发〔2021〕1008 号）。

若用户主计量点为农业电价或居民电价值，则在营销 2.0 系统中整个用户档案为"非市场化"。通过【用电客户视图】的【基本信息】页面中的【市场化属性分类】查找参数为【非市场化用户】。若用户子计量点为农业电价或居民电价值，但主计量点符合入市条件的，则用户【用电客户视图】的【基本信息】页面中的【市场化属性分类】参数值为【市场化零售用户】或【市场化直购用户】或【电网代购用户】，仅部分电量不执行市场化价格，具体判断标准以省交易中心推送数据为准。

实际用电量指该交易结算周期内实际使用的电量。

二、电力市场化电费结算

（一）市场化用户与电网企业之间费用的结算方式

如用户已与发电企业或售电公司签订购售电合同，电网企业仍将按照有关规定提供报装、计量、抄表、维修、收费等供电服务。

一般情况下，市场化用户电费结算、收取业务仍由电网企业具体负责，电费依然继续交给电网企业，不直接交给发电企业或售电公司。电网企业根据电力交易中心出具的市场化电费结算凭据，对市场化用户电费进行收取，并由省级电网公司财务部与售电公司进行资金清算。

（二）市场化用户电费结算价格

直接参与市场交易的用户电费结算价格由购电价格、输配电价（含线损及政策性交叉补贴）、政府性基金及附加组成。用户可以直接向当地电网企业咨询结算价格及计算方式，也可以向省电力交易中心咨询购电价格组成及计算方式。

由电网企业代理购电的用户，执行代理购电用户电价。遵照政府文件要求，代理购电用户电价由代理购电价格（含平均上网电价、辅助服务费用等）、输配电价（含线损及政策性交叉补贴）、政府性基金及附加组成。其中，代理购电价格随电力市场供需情况波动，每月变化。

（三）市场化用户购电价格查询方法

直接交易（直接向发电企业或售电公司购电）用户可以咨询电力交易中心或签约的售电公司，也可登录本省电力交易平台查询交易价格，根据与售电公司或发电企业签订的合同价格和结算方式计算得知。电网企业电费结算清单上显示的电力用户市场化售电价格仅为该电力用户当月结算的市场化加权平均价格。

电网企业代理购电用户查询方法如下。

（1）线上渠道。

1）"网上国网"手机软件。本省电力公司将于每月底提前3天通过"网上国网"手机软件公布次月的代理购电用户电价等相关购电信息。具体路径如下：

a. 路径一：首页（住宅）—更多—办电—代理服务专区—信息发布。

b. 路径二：首页（住宅）—更多—查询—信息公开—电价标准—代理购电。

2）95598智能互动网站。

（2）线下渠道。本省电力公司将于每月底提前3天通过供电营业厅公布次月的代理购电用户电价等相关购电信息。

三、电力市场化用户电费结算

（一）直接参与市场化用户电费结算

计量要求：电网企业应当根据市场运行需要为市场主体安装符合技术规范的计量装置；计量装置原则上安装在产权分界点，产权分界点无法安装计量装置的，考虑相应的变（线）损。电网企业应当在跨省跨区输电线路两端安装符合技术规范的计量装置，跨省跨区交易均应明确其结算对应计量点。

抄表周期及数据要求：计量周期和抄表时间应当保证最小交易周期的结算需要，保证计量数据准确、完整。电网企业应当按照电力市场结算要求定期抄录发电企业（机组）和电力用户电能计量装置数据，并将电量数据提交电力交易机构。当交易按月（多日）开展时，电网企业应保证各市场成员日电量数据准确。

电费结算要求：电力交易机构负责按照自然月向市场成员出具结算依据。其中，跨省跨区交易由组织该交易的电力交易机构会同送受端电力交易机构向市场成员出具结算依据。电网企业之间结算的输配电费用，按照政府价格主管部门核定的输配电价和实际物理计量电量结算。

电费收缴要求：发电企业上网电量电费由电网企业支付，发电侧电量转让合同，按照合同约定进行结算；电力用户仍向电网企业缴纳电费，并由电网企业承担电力用户侧欠费风险；售电企业按照电力交易机构出具的结算依据与电网企业进行结算。

1．直接参与市场交易用户月初结算

直接参与市场交易的用户均为供售同期用户，本月电费在次月1日抄表结算。结算时，市场化用户先按当月电网代购价格结算出票，电费核算员确认票据电量和执行电价类别无误后，在【集约化人工量费审核发行】—【市场化合并计算】模块对市场化用户【发送电量】。待交易中心返回市场化交易购电价格后，电费核算员在【集约化人工量费审核发行】—【市场化合并计算】模块对市场化用户进行【合并计算】。

电费核算员核对【集约化人工量费审核发行】—【市场化合并计算】—【是否已发送完整】【是否已接受完整】【是否合并计算】均为"是"之后，在【集约化人工量费审核发行】—【人工量费审核发行】对用户电量电费进行发行。

2．直接参与市场化用户过户结算

直接参与市场化用户过户结算，需电费核算员确认过户工单内【上门业务受理】和【合同签订】环节中清算日期、签订日期和生效日期三项一致，两部制用户基本电费根据清算日期按天折算，高供低计用户损耗根据清算日期按天折算。若确认无误，由电费核算员在【人工量费审核发行】—【市场化合并计算】模块对市场化用户【发送电量】，并在全国统一电力交易平台进行登记。待交易中心返回市场化交易购电价格后，电费核算员在【人工量费审核发行】—【市场化合并计算】模块对市场化用户进行【合并计算】。电费核算员核对【人工量费审核发行】—【市场化合并计算】—【是否已发送完整】【是否已接受完整】【是否合并计算】均为"是"之后，在【人工量费审核发行】—【人工量费审核发行】对用户电量电费进行发行。

3．直接参与市场化用户销户结算

直接参与市场化用户销户结算，需电费核算员确认销户工单内【停电】环节内停（送）电日期和【计量设备拆除】环节中计量点下表计装拆日期一致，两部制用户基本电费根据停电日期按天折算，高供低计用户损耗根据表计装拆日期按天折算。若确认无误，由电费核算员在【人工量费审核发行】—【市场化合并计算】模块对市场化用户【发送电量】，并在全国统一电力交易平台进行登记。待交易中心返回市场化交易购电价格后，电费核算员在【人工量费审核发行】—【市场化合并计算】模块对市场化用户进行【合并计算】。电费核算员核对【人工量费审核发行】—【市场化合并计算】—【是否已发送完整】【是否已接受完整】【是否合并计算】均为"是"之后，在【人工量费审核发行】—【人工量费审核发行】对用户电量电费进行发行。

直接参与市场化用户需确保每月结算并发送电量至交易中心，当存在过户、销户变更需结算时，还需确保当月变更工单当月结算当月发送。

4．电力市场化交易用户差错电量退补方式

参与市场化用户的电量差异，会引起售电公司的申报计划电量与实际使用电量的差异，影响用户市场化价格变化与售电公司电量偏差考核。当市场化用户由于计量装置出现异常需通过退补电量方式来进行当月电量退补时（即在交易确认本月电量前可通过退补电量的方式来退补），应在当月完成退补；如确已跨月，可进行全减另发，重做计划后发送省交易中心，返回电价后重新发行。电费核算员在结算时，需确保市场化用户当月电量结算的准确性。

（二）电网企业代理购电用户电费结算

电网企业将于每月底提前3日通过"网上国网"手机软件、供电营业厅等线上、线下渠道，公布次月的代理购电用户电价等相关购电信息。电网代购用户结算仍为每月抄表、每月结算。

按照政府文件要求，代理购电用户电价由代理购电价格（含平均上网电价、辅助服务费用等）、输配电价（含线损及政策性交叉补贴）、政府性基金及附加组成。其中，代理购电价格随电力市场供需情况波动，辅助服务费用目前为零。

电费核算员在结算时，需对电网代购用户执行电价进行核对，避免出现电网代购价格执行错误的情况发生。

四、电力市场交易用户电费电量信息查询方法

电力市场交易用户可以通过当地供电营业厅、"网上国网"手机软件查阅电价、电量、电费及电费账单信息。

五、绿电交易

2021年，国家中央财经委员会第九次会议再次提出要构建清洁低碳安全高效的能源体系，深化电力体制改革，构建以新能源为主体的新型电力系统。我国的能源发展战略将新能源提高至重要地位，大力推进新能源开发建设。2022年2月，国家发布《关于完善能源绿色低碳转型体制机制和政策措施的意见》（发改能源〔2022〕206号），提出完善可再生能源优先利用的电力交易机制，开展绿电交易试点，是促进能源绿色低碳转型的重要市场化手段。

绿电交易是以新能源（风电、光伏等）绿色电力产品为标的物，电力中长期交易框架下的一类交易品种，电力客户通过交易平台采用竞（加）价方式，购买新能源发电企业的绿色电力，通过交易合同、结算凭证等证明企业在生产过程中使用了绿色电源，是一种新兴的电力中长期交易品种。2022年以来，广州、北京电力交易中心相继

发布绿色电力交易规则，绿电交易规模不断扩大。

绿电交易特点：

（1）电量交易为主。由于新能源的波动性、随机性和不可预测性，当前绿电交易以电量交易为主。

（2）优先结算。为了促进新能源的消纳，用户在签署多种中长期合约的情况下，将优先执行绿电合约。

（3）证电合一。绿电交易量与绿电交易凭证直接挂钩，用户可以直接证明其消纳了该部分绿电。而绿证交易更多侧重于金融属性，无法直接证明用户消纳了绿电。

绿电交易结算流程如图 4-2 所示。

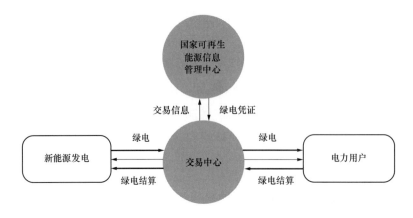

图 4-2　绿电交易结算流程

第二节　居　民　电　价

执行居民电价的电价政策很多，范围也很广，若对电价政策和执行范围理解产生偏差，则很容易导致电价执行错误。本节就执行居民电价政策的相关内容作细化解释。

一、居民阶梯电价

（一）居民阶梯电价实施范围

江苏省实行"一户一表"的城乡居民用电户。居民客户原则上以住宅为单位，一个房产证明对应的住宅为一"户"。没有房产证明的，以供电企业为居民安装的电表为单位。

（二）居民阶梯电价结算

1．电费结算周期

正常用电按抄表年执行居民阶梯电价，年度清算时间为 12 月及次年 1 月，其中：

（1）单月抄表居民客户年度结算周期从 3 月份抄表至次年 1 月抄表，6 个抄表周期，共 12 个月。

（2）双月抄表居民客户年度结算周期从 2 月份抄表至 12 月份抄表，6 个抄表周期，共 12 个月。

年度第一档 $230 \times 12 = 2760 \text{kW} \cdot \text{h}$ 及以下，第二档 $2761 \sim 4800 \text{kW} \cdot \text{h}$，第三档 $4800 \text{kW} \cdot \text{h}$ 以上。

居民客户发生用电变更，按照实际用电月份数计算分档电量，用电不足一个月的按一个月计算。

2．电费结算规则

（1）结算年内各档电量的计算。居民阶梯电价计算规则采用依据年度分档电量按抄表周期结算的方式，按年分档电量标准扣减当年往期电量后计算当期各档电量，即在同一结算年内，用户首先使用第一档基数电量，按照基础电价计算电费，第一档基数使用完后，依次使用第二档基数电量，按照第二档递增电价计算电费，第二档基数使用完后，按照第三档递增电价计算电费。当年 12 月及次年 1 月抄表结算时，完成年度电费清算，跨年不结转。

（2）同时执行阶梯电价和峰谷分时电价居民用户电费的计算。同时执行阶梯电价和峰谷分时电价居民用户电费的计算是按照"先分时、后阶梯"的原则计算电费。即，先按照峰谷各时段用电量和第一档分时电价标准计算全部电量的基础电费，再按照第二档、第三档递增电价标准，分别计算第二档、第三档电量的递增电费。以上三部分电费之和为该居民用户的总电费。

3．居民阶梯电价计算方法

（1）不执行居民峰谷分时电价的客户。

总用电量＝第一档用电量＋第二档用电量＋第三档用电量

基础电费＝总用电量×电价

第二档递增电费＝第二档用电量×第二档递增电价

第三档递增电费＝第三档用电量×第三档递增电价

总电费＝基础电费＋第二档递增电费＋第三档递增电费

（2）执行居民峰谷分时电价的客户。

总用电量＝第一档用电量＋第二档用电量＋第三档用电量＝峰电量＋谷电量

基础电费＝峰电量×第一档峰电价＋谷电量×第一档谷电价

第二档递增电费＝第二档用电量×第二档递增电价

第三档递增电费＝第三档用电量×第三档递增电价

总电费＝基础电费＋第二档递增电费＋第三档递增电费

（3）"低保户""五保户"及困难群体计算方法。

江苏"低保户""五保户"及困难群体的计算方法为，每户每月给予 15kW·h 免费用电基数。免费电量采取"即收即返"的方式，即由供电公司从抄表月份第一档电量中扣除对应的免费电量后计算当月应收电费，免费电量按年清算。"低保户"实际用电量不足免费用电基数时，当月按实际用电量计算免费用电电费，不足部分转入下期，不跨年结算。

二、一户多人口

（一）五人口阶梯基数

江苏累计人数满 5 人及以上即可申请每月增加 100kW·h 的阶梯电量基数。各档阶梯基数如下：每月增加 100kW·h 阶梯电价基数。即，第一档为 330kW·h 及以内，维持现行电价标准；第二档为 331～500kW·h，在第一档电价的基础上，每千瓦时加价 0.05 元；第三档为高于 500kW·h 部分，在第一档电价的基础上，每千瓦时加价 0.3 元。

一个有效身份证或居住证只能在一个用电户下享受居民阶梯电价"一户多人口"政策，不能在多个用电户重复享受。

（二）七人口电价政策

在江苏省，累计人数满 7 人及以上可申请执行居民合表电价或每月增加 100kW·h 的阶梯电量基数。

居民家庭人口达 7 人（含 7 人）以上的家庭，选择执行居民合表电价的，当月生效，营业厅受理业务时按照受理当月的月初冻结值对用户阶梯进行清算。对自愿取消居民合表电价，以及实际居住人口减少至 7 人以下的，自完成变更之日当月起取消用户合表电价，执行对应阶梯电价。按照业务变更当月的月初冻结值对用户电量进行清算。

居民家庭人口达 7 人（含 7 人）以上的家庭，选择申请每月增加 100kW·h 阶梯电量基数的，各档阶梯基数计算方式同五人口。

（三）电费计算规则

办理"一户多人口"用电基数业务的用户，自完成变更月份的当前日历月份开始调增阶梯电价分档电量基数，年度内前期已结算电量电费不做追溯调整。

如某低压居民用户，双月抄表，于 2022 年 4 月前来供电营业厅办理"一户多人口"五人口基数。则该用户在 6 月电费结算时，一档基数为 230×4＋330×8＝3560kW·h。

某低压居民用户，单月抄表，2021 年已办理五人口基数，于 2022 年 4 月前来供电营业厅办理"一户多人口"的七人口用电基数，用户不选择执行居民合表电价。则该用户在 5 月电费结算时，一档基数为 $330×3+330×9=3960kW \cdot h$。

"一户多人口"用电基数调整业务中，对未挂接至新用电户情况下家庭实际居住人口减少至 5 人以下的，自居住人口变更下个日历月份调减阶梯电价分档电量基数。对客户挂接新用电户导致的原用电户家庭实际居住人口减少至 5 人以下，原用电户自人口完成变更当前日历月份调减阶梯电价分档电量基数，新用电户自人口完成变更当前日历月份调增阶梯电价分档电量基数。

因一户多人口业务办理导致的居民阶梯电价基数发生变化的，月内不分段计算，每次变化需清算年度阶梯电费。一户多人口调整阶梯电价分档电量基数后，按供电公司抄表周期，在变更后首次抄表时结算。

如某低压居民用户，已办理五人口基数，双月抄表，于 2022 年 4 月前来供电营业厅办理七人口居民合表电价。则该用户在 4 月电费清算时，一档基数为 $330×4=1320kW \cdot h$。

如某低压居民用户，已办理五人口基数，双月抄表，于 2022 年 4 月前来供电营业厅取消五人口用电基数。则该用户在 6 月电费结算时，一档基数为 $330×6+230×6=3360kW \cdot h$。

三、居民分时电价

（一）居民分时电价时段划分

峰时段为 8:00～21:00。谷时段为 21:00～次日 8:00。

（二）分时电价的开通与取消规定

用户可自行选择开通或取消分时电价，但一经选定，一年内不得变更。根据《省物价局关于试行居民生活用电阶梯式电价的通知》（苏价工〔2012〕182 号）规定：在执行峰谷电价的地区，继续由居民用户自愿选择执行居民峰谷分时电价。一般情况下，一经选定，一年内不得变更。其中，"一年内"是从客户申请分时电价之日开始起算。

（三）居民变更分时的执行时间

居民开通分时、峰谷电变更，发起居民峰谷电变更流程。若涉及表计更换，归档后，按换表前后数据分段执行；若不涉及表计更换，下一次抄表全部电量执行变更后电价。

四、执行居民电价的非居民用户范围

（1）地方政府所办福利院、敬老院等为老人提供修养场所的照明用电。

（2）郊区的乡镇、县城以下（不含县城）的医院、卫生院（不含院办制药企业）用电。

（3）大中专院校、中小学及幼儿园等学校用电（不含校办企业）。

（4）监狱单位的警戒设施、执勤住房办公照明、监房生活照明、驻监狱武警部队生活照明用电。

（5）城乡社区居民委员会服务设施用电。

（6）农村路灯照明用电。由村委会（农村社区）及村内其他组织、单位、个人承担的村庄内公用路灯照明用电，不包括农村亮化照明用电。

（7）居民住宅小区共用设施设备维护管理、保洁、绿化等物业服务过程中的用电。

（8）宗教场所生活用电。

（9）农村饮水安全工程供水用电。

五、功率因数调整执行标准档案设置

根据《功率因数调整电费办法》（国家物价局一九八三年十二月二日）规定，功率因数的标准值及其使用范围如下：

（1）功率因数标准0.90：160kV·A以上的高压供电工业客户（包括社队工业客户），装有带负荷调整电压装置的高压供电电力客户，3200kV·A及以上的高压供电电力排灌站。

（2）功率因数标准0.85：100kV·A及以上的其他工业客户（包括社队工业客户）、非工业客户、电力排灌站。

（3）功率因数标准0.80：100kV·A及以上的农业户和趸售客户。

营销2.0系统中，功率因数设置包括三处：①【用电客户视图】—【基本信息】—【用户定价策略】—【功率因数考核方式】；②【计量点】—【电价】—【功率因数标准】；③【计量点】—【基本信息】—【参与功率因数计算方式】。这三处均需进行勾选，且需统一标准，不能遗漏。

文件规定的不执行功率因数考核标准，执行居民电价的客户功率因数设置应为：

（1）【用电客户视图】—【基本信息】—【用户定价策略】—【功率因数考核方式】—【不考核】。

（2）【计量点】—【电价】—【功率因数标准】—【不考核】。

（3）【计量点】—【基本信息】—【参与功率因数计算方式】—【电量电费均不参与】。

非文件规定不执行功率因数考核标准执行居民电价的非居民功率因数设置应为：

（1）【用电客户视图】—【基本信息】—【用户定价策略】—【功率因数考核方式】—【标准考核】。

（2）【计量点】—【电价】—【功率因数标准】—【0.85】。

（3）【计量点】—【基本信息】—【参与功率因数计算方式】—【电量参与电费参与】。

执行力调考核的其他用户存在文件规定不执行功率因数调整考核标准，执行居民电价的子级计量点时，功率因数设置应为：

（1）【用电客户视图】—【基本信息】—【用户定价策略】—【功率因数考核方式】—【标准考核】。

（2）【主计量点】—【电价】—【功率因数标准】—【0.85】（或【0.80】或【0.90】）。

（3）【计量点】—【主基本信息】—【参与功率因数计算方式】—【电量参与电费参与】。

（4）【子计量点】—【电价】—【功率因数标准】—【不考核】。

（5）【计量点】—【主基本信息】—【参与功率因数计算方式】—【电量参与电费不参与】。

第三节　两 部 制 电 价

两部制电价是根据电力工业成本的特点设计出来的一种价格模式。它恰当地表示出电力企业所承担的全部成本，合理地分担了容量成本和电能成本，同时具有抑制高峰负荷，提高负荷率的功能。

一、两部制电价知识背景

两部制电价也称为大工业电价。两部制电价就是将电价分为两个部分，即以客户的实际用电量来计算电费的电度电价；以客户接入系统的用电容量或最大需量计算的基本电价。

两部制电价分为基本电价和电度电价两部分，其中：

（1）电度电价是以实际用电量来计算电费，电费与用电量成正比。

（2）基本电价代表电力工业企业成本中的容量成本，与用户实际使用多少电量无关。

此外，两部制电价的客户还需执行功率因数调整电费。

153

二、两部制电价实施范围

两部制电价的实施范围为:

(1) 受电变压器(含不通过受电变压器的高压电机)容量在315kV·A及以上的大工业用电。

(2) 自2017年8月1日起,江苏范围内受电变压器容量(含不通过变压器接用的高压电动机容量)在315kV·A(kW)及以上的批发和零售业、住宿和餐饮业、商务服务业和仓储物流业的商业用户,可选择执行两部制峰谷分时电价。

(3) 自2018年4月1日起,江苏范围内受电变压器容量(含不通过变压器接用的高压电动机容量)在315kV·A(kW)及以上的一般工商业及其他用电户,可选择执行大工业两部制峰谷分时电价。

三、基本电价

基本电价指按用户容量或最大需量计算的电价,代表电力工业企业中的容量成本,即固定费用部分。在计算基本电费时,按用户的计费容量(含高压电动机,千瓦视同千伏安)或用户一个日历月中最大需量为单位。用户每月所付基本电费,与其变压器容量(含高压电动机)或本月所用需量有关,而与其实际使用的电量无关。

江苏省现行的基本电价标准:最大需量为每月40元/kW、变压器容量为每月30元/kV·A。

四、基本电费

(一)基本电费

基本电费是对执行两部制电价的用户,根据受电变压器(含高压电动机)的容量或最大需量和国家批准的基本电价计收的电费。

(二)最大需量

最大需量指在客户电费结算期内,一个月中每15min平均功率的最大值。

(三)变压器容量、供电容量、运行容量、合同容量

变压器容量对应变压器。

供电容量对应供电线路,为该路电源允许供电的最大容量。

运行容量对应用户,为非冷备用状态所有变压器和不通过专用变压器接入的高压电机容量之和。

合同容量对应用户,为各路电源供电容量之和。

（四）基本电费计费方式

基本电费的计费方式有以下两种：

（1）按受电容量计收。

（2）按最大需量计收，其中按最大需量计收分为按合约最大需量计收、按实际最大需量计收两种。

按何种方式计费可以由用户选择，但用户选定基本电费计费方式后，三个月内（起止至终止时间）不得更改。

用户需提前15个工作日前往供电营业厅申请变更下三个月的基本电价计费方式，申请变更当月的基本电费仍按原方式计收。每次基本电价计费方式变更生效时间间隔不小于三个月，到期后若用户未提出新的变更申请，仍按上月计费方式继续执行。

（五）基本电价执行方式的变更

基本电价按变压器容量或按合同最大需量或按实际最大需量计费，由用户选择。江苏地区电力用户提前15个工作日向电网企业申请变更下三个月的基本电价计费方式，申请变更当月的基本电费仍按原方式计收。每次基本电价计费方式变更生效时间间隔不小于三个月，到期后若用户未提出新的变更申请，仍按上月计费方式继续执行。

对于新装用户，无论是否在接电当月进行电费结算，接电当月按整日历月计算基本电价调整周期。如某新装用户7月20日接电，无论结算日是在7月底、8月初或8月末，该户均可在9月申请自10月起调整原基本电价执行方式。

五、基本电费的结算

（一）基本电费计费方式变更时的基本电费结算

大工业用户的基本电费计费方式变更时，当月的基本电费仍按原结算方式计收。对按最大需量计费的用户，以当月的最大需量（取当月月末冻结最大需量值）作为基本电费的结算依据。

（二）用户的最大需量低于变压器容量的40%时基于最大需量的基本电费结算

选择按合同最大需量计算基本电费时，用户需提前5个工作日申请下月的需量核定值，核定值不应低于该用户运行容量（含高压电动机）的40%，也不得高于所有电源供电容量之和。当用户的实际最大需量低于该户运行容量（含高压电动机）的40%时，按约定需量核准值计费。如需量核准值按40%约定，则按40%计费；需量核准值按50%约定，则按50%计算。

选择按实际最大需量计算基本电费时，以用户当月抄见最大需量为准，取消按运行容量总和的 40%计算最低需量值的限制。

（三）新装、增容、变更或终止用电时的基本电费结算

《供电营业规则》第八十四条规定：基本电费以月计算，但新装、增容、变更和终止用电当月的基本电费，可按实用天数（日用电不足 24h 的，按一天计算），每日按全月基本电费的 1/30 计算。

（四）备用变压器的基本电费结算

按变压器容量计算基本电费的用户，其备用的变压器（含高压电动机），属冷备用状态并经供电企业加封的，不收基本电费；属热备用状态的或未经加封的，不论使用与否都计收基本电费。在受电装置一次侧装有联锁装置互为备用的变压器（含高压电动机），按可能同时使用的变压器（含高压电动机）容量之和的最大值计算其基本电费。

（五）两路及以上进线的大工业用户的基本电费结算

对按变压器容量计收基本电费的，基本电费计算容量为各路电源可能同时运行的最大容量（含热备用变压器和不通过专用变压器接用的高压电动机）。

对按最大需量计收基本电费的，明确为按户约定最大需量核定值，对同时运行的各路电源，按每路电源分别计算最大需量，累加最大需量后计收基本电费。

对主供和备用方式运行的各路电源，按其中最大需量较大的一路电源计收基本电费。

（六）用户的实际最大需量超过或低于合同核定值 105%时基于合约最大需量的基本电费结算

当用户实际最大需量超过合同核定值 105%时，超过 105%部分的基本电费加一倍收取；未超过合同核定值 105%的，按合同核定值收取。

A 客户合同约定最大需量值为 1000kW，当月发生实际最大需量为 1200kW。该用户当月实际发生最大需量 1200kW，大于合同约定最大需量值的 105%（1050kW），则该用户当月计费需量为 1000＋（1200－1050）×2＝1300（kW）。

B 客户合同约定最大需量值为 1000kW，当月发生实际最大需量为 1020kW。该用户当月实际发生最大需量 1020kW，小于合同约定最大需量值的 105%（1050kW），则该用户当月计费需量为 1000kW。

（七）自备容量费

（1）与电网连接的所有企业的自备电厂（含资源综合利用、热电联产电厂）应向接网的电网公司支付系统备用费。其收费标准根据并网协议中约定的需电网提供的备用容量、按大工业非优待的基本电价（容量）标准确定。约定变压器容量一年之内不得更改，即在一年内变压器暂停、减容、暂换等变更用电时不扣减约定收取的系统备

用费［《省物价局、省经济贸易委员会、省电力公司关于明确自备电厂收费有关政策的通知》（苏价工〔2004〕391号）］。

（2）系统备用容量由供电企业与自备电厂所隶属企业签订协议约定并按规定收取备用容量费，对于超过约定备用容量的部分，可按《供电营业规则》的相关规定执行。对未约定系统备用容量的企业，其系统备用容量按企业变压器容量或最大需量扣减电网向其供电的平均负荷确定，供电企业对其系统备用容量收取备用容量费，同时按正常用电的最大负荷收取容量或需量基本电费［《物价局关于明确企业自备电厂系统备用容量有关问题的复函》（苏价工函〔2006〕135号）］。

（3）自2018年2月1日起，接入江苏电网的余热、余压、余气自备电厂系统备用费减半收取，减免容量不超过当月余热、余压、余气自备机组的最大出力。回收利用依法依规建设的工业项目生产过程中产生的热能、压差及废气等进行发电的企业自备电厂可申报享受余热、余压、余气自备电厂收费减免政策［《关于明确余热、余压、余气自备电厂有关收费政策的通知》（苏价工〔2018〕20号）］。

（八）查看用户基本电费计算方式的方法

打开营销2.0系统客户360视图，点击【用电客户视图】—【基本信息】—【用户定价策略】—【基本电费计算方式】。

六、基本电费金额的计算

（一）按容量计收

基本电费金额＝受电容量×单价。

（二）按最大需量计收

第1步：实际需量＝需量示数×乘率。

第2步：核准需量＝用户自己报送的需量核准值。

第3步：比较实际需量和核准需量。

当实际需量（高供低计用户需乘以1.02系数）≤需量核准值的105%时，按需量核准值计算基本电费。

当实际需量（高供低计用户需乘以1.02系数）＞需量核准值的105%时，超出部分按2倍计收，即计费容量＝（实际需量-需量核准值×105%）×2＋核准需量值。

由于需量核准值是按户设定，当用户为多电源或一路电源下多块母表时，按下列计算规则执行。

（1）需量累加计算规则，即累加各路电源的计费需量与用户受电点的需量核准值进行比较。各路电源的计费需量取该电源下执行大工业电价的顶级计量点抄见需量之和。

（2）计费需量计算规则。不同的电源性质，计算计费总需量方式不同。

1）单电源：该电源下的计费需量。

2）双路同供：累加两路电源的计费需量。

3）一主一备：取较大的计费需量。

4）两主一备：累加两个较大的计费需量。

5）多路同供：累加每路电源的计费需量。

6）多主多备：累加主供电源数量的较大计费需量。

7）一路电源多母计量点：累加各母计量点实际需量后与核准值比较。

第四节　分　布　式　光　伏

分布式光伏发电对优化能源结构、推动节能减排、实现经济可持续发展具有重要意义。国家电网公司认真贯彻落实国家能源发展战略，积极支持分布式光伏发电加快发展，规范分布式光伏发电并网管理，提高并网服务水平，制定了《关于做好分布式光伏发电并网服务工作的意见（暂行）》《关于促进分布式光伏发电并网管理工作的意见（暂行）》和《分布式光伏发电接入配电网相关技术规定（暂行）》。江苏省电力公司结合江苏电网实际，按照优化并网流程，简化并网手续，提高服务效率的原则，制定了《江苏省电力公司分布式光伏发电并网管理工作意见（试行）》，以协助光伏发电产业良性发展。

一、分布式光伏发电补贴

（一）分布式电源并网结算方式

建于用户内部场所（即接入用户侧）的分布式光伏发电项目，发电量可以全部上网、全部自用或自发自用余电上网，由用户自行选择，用户不足电量由电网企业提供。上、下网电量分开结算，电价执行国家相关政策。分布式光伏电站自发自用电量部分的基金、附加，按国家相关政策执行。

（1）全部自用：发电后电量全部由用户自用。

（2）自发自用余电上网：发电后电量用户自用多余的部分销售给电网企业。

（3）全额上网：发电后的所有电量全部销售给电网企业。

结算方式为发电补贴或上网电费由电网企业打款至用户当时登记的银行卡或银行账户上。

自 2021 年 3 月起统一全省分布式发电用户的抄表和发电费用结算日期。全省所有地市分布式发电客户以计费电能表月末最后一天北京时间 24:00 时抄见电量为依据。

（二）分布式光伏发电补贴政策

（1）可以享受国家财政资金补贴的条件。根据《国家发展改革委关于发挥价格杠杆作用促进光伏产业健康发展的通知》（发改价格〔2013〕1638 号），享受国家电价补贴的光伏发电项目，应符合可再生能源发展规划，符合固定资产投资审批程序和有关管理规定。根据《财政部关于分布式光伏发电量实行按照电量补贴政策等有关问题的通知》（财建〔2013〕390 号），享受分布式光伏发电量补贴的项目需满足以下两个条件：

1）按照程序完成备案。

2）项目建成投产、符合并网条件且完成并网验收等电网接入工作。

（2）光伏发电办理成功后，由中央财政发放光伏发电补贴。对于符合补贴条件的，根据《财政部关于分布式光伏发电量实行按照电量补贴政策等有关问题的通知》（财建〔2013〕390 号），中央财政会根据全国可再生能源电价附加收入，按季向电网公司所在省级财政部门拨付补贴资金，电网公司根据与用户商定的结算周期转付补贴资金。

1）分布式光伏发电补贴。根据《关于 2021 年光伏发电上网电价政策有关事项的通知》（发改价格〔2021〕833 号），自 2021 年起，对新备案集中式光伏电站、工商业分布式光伏项目和新核准陆上风电项目，中央财政不再补贴，实现平价上网。

根据《关于 2020 年光伏发电上网电价政策有关事项的通知》（发改价格〔2020〕511 号），纳入 2020 年财政补贴规模的户用分布式光伏全发电量补贴标准调整为每千瓦时 0.08 元。

根据《关于完善光伏发电上网电价机制有关问题的通知》（发改价格〔2019〕761 号），纳入 2019 年财政补贴采用"自发自用、余量上网"模式和"余量上网"模式的户用分布式光伏全发电量补贴标准调整为每千瓦时 0.18 元。

根据《关于 2018 年光伏发电有关事项的通知》（发改能源〔2018〕823 号），自 2018 年 5 月 31 日起，新投运的、采用"自发自用、余量上网"模式的分布式光伏发电项目，全电量度电补贴标准降低 0.05 元，即补贴标准调整为每千瓦时 0.32 元（含税）。采用"全额上网"模式的分布式光伏发电项目按所在资源区光伏电站价格执行。分布式光伏发电项目自用电量免收随电价征收的各类政府性基金及附加，系统备用容量费和其他相关并网服务费。

根据《关于 2018 年光伏发电项目价格政策的通知》（发改价格规〔2017〕2196 号），2018 年 1 月 1 日以后投运的、采用"自发自用、余量上网"模式的分布式光伏发电项目，全电量度电补贴标准降低 0.05 元，即补贴标准调整为每千瓦时 0.37 元（含税）。

采用"全额上网"模式的分布式光伏发电项目按所在资源区光伏电站价格执行。分布式光伏发电项目自用电量免收随电价征收的各类政府性基金及附加，系统备用容量费和其他相关并网服务费。

根据《关于发挥价格杠杆作用促进光伏产业健康发展的通知》（发改价格〔2013〕1638号），2013年9月1日后备案（核准），以及2013年9月1日前备案（核准）但于2014年1月1日及以后投运的光伏电站项目，对分布式光伏发电实行按照全电量补贴的政策，电价补贴标准为每千瓦时0.42元（含税）。布式光伏发电项目自用电量免收随电价征收的各类政府性基金及附加，系统备用容量费和其他相关并网服务费。

2）分布式光伏发电上网补贴。江苏省所执行分布式光伏发电上网电价标准见表4-3。

表 4-3　　　　　　　　2022 年分布式光伏发电上网电价标准（江苏）

类别	并网时间	上网电价 [元/（kW·h）]	度电补贴 [元/（kW·h）]
光伏电站（2022年规模）	2021年8月1日起	0.391	——
全额上网分布式（2022年规模）	2021年8月1日起	0.391	——
户用分布式（余电上网，2022年规模）	2022年1月1日～12月31日	0.391	——
工商业分布式（余电上网，2022年规模）	2022年1月1日～12月31日	0.391	——

（三）分布式光伏发电补贴期限

原则上为自用户并网时间起20年（上网收益部分没有期限，为永久的）。

（四）分布式光伏发电补贴发放方式与发放时间

发放方式为电网企业汇入分布式光伏用户的银行账户或银行卡中。

发放时间（正常情况下，无系统故障、无流程异常等因素干扰）为

（1）自然人：本月或次月发放前一月补贴，每月中下旬发放补贴。

（2）非自然人：本月次月发放前一月补贴，根据用户开具增值税专用发票送达供电公司时间，一般在每月月底发放补贴。

二、分布式光伏发票开具

用户办理分布式光伏发电业务后，发电量可以全部上网、全部自用或自发自用余电上网，上网电量等同于商品，出售给电网企业，电网企业作为买方无需向客户提供发电补贴或发电结算的发票。

发电客户需开票给供电公司。

对自然人（居民），一般由当地电网企业按照国家规定直接代开票，无需自行前往税务部门开票。

对非自然人（非居民），需按国家能源局印发的电费结算办法及时、足额开具增值税专用发票给电网企业。

第五节 能效管理与电能替代

一、能效电厂

能效电厂是一种虚拟的电厂，即通过实施一揽子提高能效的节电计划，减少用户的电力消耗需求，节约土地资源，少建电厂，减少煤炭运输、零污染。从这个意义上说，节约电力就相当于新建电厂。

二、电能替代非清洁能源

电能替代非清洁能源（简称电能替代）泛指以电为动力的设备和技术取代传统燃煤（油）设备和技术，适合于对环境、工艺有改善需要的场所，利用低谷电力时更佳。

目前电能替代主要涉及以下技术：①广泛应用于机械、冶金、建材、化工、纺织等行业工业炉窑的电热技术；②在生活热水或工业蒸汽领域以蓄热式电锅炉（热泵热水机组）替代燃煤、燃油、燃气等锅炉；③在中央空调领域推广蓄冰（水）空调技术、以电制冷空调替代直燃型溴化锂空调；④推广电炊技术，对耗能较高的商业厨房进行电气化改造；⑤热泵技术；⑥推广使用电动汽车。

三、开展电能替代工作的意义

（1）有利于电力客户改善工作环境、生活环境，降低用能成本，有利于提高产品质量、提升产品附加值，有利于满足产品、产业发展和服务需求。

（2）有利于提高电力占终端能源消耗的比重，改善能源消耗结构和用电负荷特性，促进节能减排。

（3）践行公司积极服务于资源节约型、环境友好型社会建设，提高服务能力。

四、低谷电力替代高峰电力领域主要推广的电蓄能技术

电蓄能技术主要包括：①以蓄热式电锅炉（或热泵热水机组）替代直热式电锅炉；

②在中央空调领域以蓄热式电锅炉加蓄冷（水）空调替代常规空调。

1．蓄热式电热锅炉

蓄热式电热锅炉是利用电网低谷电力作为能源来加热蓄热载体（如水、油、固体材料等），以显热或潜热（相变热）的形式蓄存起来，在用电高峰期间将蓄存的热量释放出来以满足采暖及各种生活和生产所需热水需要。

2．热泵技术

热泵是一种利用高位能（如电能）使热量从低位热源流向高位热源的节能装置。这种装置可以把不能直接利用的低位能（如空气、土壤、水中所含的热能、太阳能、工业废热等）转化为可以利用的高位能（如热水、热空气等），以达到节约部分高位能的目的。

3．热泵空调

热泵空调利用热泵技术的空调系统，可在制冷季节向空调系统提供冷水，在采暖季节向空调系统提供热水，是理想的空调冷热源，具有安全、卫生、方便、不占有效建筑面积等特点。经过十几年的发展，热泵空调已广泛应用于办公、写字楼、商场、餐饮、酒店（除高档酒店外）、公寓等建筑等。

4．电加热锅炉

电加热锅炉适用于配电容量富裕、升温速度要求较高、对水温有一定要求的宾馆、学校、医院和工厂等单位，可提供生活热水、采暖、生活或生产工业用汽。

5．冰（水）蓄冷空调技术

冰（水）蓄冷中央空调指建筑物空调所需要冷量的部分或全部，在非空调使用时间利用蓄冰介质水的显热及潜热迁移等特性，将能量以冰（冷水）的形式蓄存起来，然后根据空调负荷要求释放这些冷量,这样在用电高峰时期就可以少开甚至不开主机。当空调使用时间与非空调使用时间和电网高峰和低谷同步时，就可以将原先电网高峰时间的空调用电量转移至电网低谷时使用，达到削峰填谷、节约电费的目的。

五、电力蓄能技术相关电价政策

（1）电力蓄能技术装置指整台或整组容量在 50kW 及以上且具备计量条件的电热锅炉、蓄冷（冰、水）空调。

（2）对居民小区集中供冷供暖系统及高校学生公寓生活用电的电力蓄能技术装置，执行居民生活电价，按平谷二段制执行分时电价，低谷时段为 0:00～8:00，其他为平时段。

（3）对宾馆、饭店、商场、办公楼（写字楼）、医院等电力用户的电力蓄能技术装置，执行非普工业二段制分时电价。对用于大工业生产车间用电的电力蓄能技术装置，执行大工业峰谷分时电价；对大工业用电范围内除生产车间用电以外的电力蓄能技术装置，执行二段制非普工业分时电价。

（4）达到上述第（1）条容量、计量要求的热水热泵机组，除用于居民生活类用电执行二段制分时电价外，用于其他用电一律执行峰平谷三段制分时电价。

（5）对有两路及以上进线的电力用户，按扣除最大一路受电容量电源下安装的冰（水）蓄冷和电热锅炉装置的容量以后计收高可靠性供电费用。

六、电动汽车

（一）电动汽车能源服务

电动汽车作为一种新型交通工具，在缓解能源危机、促进环境与人类和谐发展等方面具有不可比拟的优势，是推进交通发展模式转变的有效载体。全面加快电动汽车充电设施建设，不仅是建设坚强智能电网的重要内容，更是国家电网公司落实科学发展观，展示责任央企形象的战略举措，是响应国家节能减排政策，支持电动汽车发展的实际行动，是实现能源替代，优化能源结构，提高电能占终端能源消费比重的有效手段。

（二）电动汽车充换电设施用电价格

（1）对向电网经营企业直接报装接电的经营性集中式充换电设施用电，执行大工业用电价格（电压等级不满 1kV 的，参照 1～10kV 电度电价水平执行）[根据《省发展改革委关于完善电动汽车充电服务收费有关问题的通知》（苏发改工价发〔2018〕1295号）]。2025 年底前，免收需量（容量）电费。经营企业可选择执行峰谷分时电价政策，选定后在 12 个月之内应保持不变。

（2）其他充电设施按其所在场所执行分类目录电价[根据《省发展改革委关于完善电动汽车充电服务收费有关问题的通知》（苏发改工价发〔2018〕1295 号）]。党政机关、事业单位和社会公共停车场中设置的充电设施用电，执行"一般工商业及其他"类用电价格；居民家庭住宅、居民住宅小区、执行居民电价的非居民用户中设置的充电设施用电，执行居民用电价格中的合表用户电价，并执行峰谷分时电价。其峰谷分时电价在合表用户电价基础上，高峰时段（8:00～21:00）每千瓦时上浮 0.03 元，低谷时段（21:00～次日 8:00）每千瓦时下调 0.17 元。

（3）经营性集中式充换电设施用电[根据《省物价局关于完善我省电动汽车充换电设施用电价格有关问题的通知》（苏价工）〔2017〕183 号]。对向电网经营企业直接报装接电的经营性集中式充换电设施用电执行相应电压等级的大工业用电价格，同时执行峰谷分时，分时电价政策由用户选择是否执行。2025 年前，暂免收基本电费。

（4）其他充电设施用电[根据《省物价局关于完善我省电动汽车充换电设施用

电价格有关问题的通知》（苏价工〔2017〕183 号）]。具备安装分表计量条件的，按其所在场所执行分类用电价格，同时执行相应的峰谷分时电价（需要根据具体情况判断，因为用户所在场所不一定可以执行分时电价。如客户有疑问，可以记录详情协助核实）。

居民家庭住宅、居民住宅小区、执行居民电价的非居民用户中设置的充电设施用电执行居民用电价格中的合表用户电价，同时执行峰谷分时电价（电动汽车充换电设施用电的峰谷电价不需要申请）。峰谷分时电价在合表用户电价基础上，高峰时段每千瓦时上浮 0.03 元，为 0.5783 元/（kW·h），低谷时段每千瓦时下调 0.17 元，为 0.3783元/（kW·h）。分时时段同居民分时电价时段划分及对应金额。

党政机关、企事业单位和社会公共停车场中设置的充电设施用电执行一般工商业及其他用电价格。

根据《省物价局关于明确电动汽车充换电设施用电价格和服务价格的通知》（苏价工〔2014〕69 号），充换电设施用电价格指电网经营企业对电动汽车充换电设施用户销售电能的价格。

根据发改价格〔2021〕1439 号文和发改办价格〔2021〕809 号文，在工商业目录销售电价取消后，经营性充换电实施和非经营性充换电设施的输配电价格按上述文件对应的输配电价格执行。

第六节　转　供　电

一、转供电

转供电指在公用供电设施尚未到达的地区，供电企业征得该地区有供电能力的直供用户同意（国防军工用户、临时用电除外），采用委托方式向其附近的用户转供电力（《供电营业规则第十四条、第十二条》）。供电人、转供人和被转供人三方应签订委托转供电合同，并在合同中将供电方式、容量、期限、电价、责权等进行详细约定。转供区域内的用户视同供电企业的直供户，与直供户享有同样的用电权利，其一切用电事宜按直供户的规定办理。转供电区域内的用户在供电公司服务范围内。

二、转供电加价清理

（一）关于配合清理规范转供电环节加价工作的知识背景

为落实国务院《政府工作报告》降低一般工商业电价有关部署，深化"放管服"

改革，进一步简政放权、创新监管、优化服务，减轻企业负担，优化营商环境，根据《关于降低一般工商业电价有关事项的通知》（发改价格〔2018〕500号）、《关于清理规范电网和转供电环节收费有关事项的通知》（发改办价格〔2018〕787号）、《国网营销部关于切实配合做好清理规范转供电环节加价工作的通知》（营销营业〔2018〕43号）、《省物价局关于清理规范电网和转供电环节收费有关事项的通知》（苏价工〔2018〕109号）等有关要求，开展清理规范电网和转供电环节收费有关工作。

（二）关于配合清理规范转供电环节加价工作的适用对象及范围

转供电指电网企业无法直接供电到终端用户，需由其他主体转供的行为。通常转供电主体包括商业综合体、产业园区、物业、写字楼等。

由于供电设施产权归属等原因，电网企业无法做到销售到户、抄表到户、服务到户、收费到户，致使部分终端用户需要通过转供电主体缴纳电费，这些转供电主体是否依照国家物价部门颁布的电价政策收取电费就是规范清理不合理加价行为的对象。

转供电加价清理工作不包含居民用电客户的内部结算（部分居民客户出租房屋时，房东会自行向房客收取电费，其之间电价及电费交纳等事项需自行协商）。

（三）清理转供电加价

暂不具备直接供电条件，需继续实行转供电的，转供电主体应按以下两种方式规范电费收取：

（1）按国家（省）规定的销售电价标准向租户（转供电用户）收取电费，相关共用设施用电及损耗通过租金、物业费、服务费等方式协商解决。

（2）由所有用户按各分表电量公平分摊向电网企业缴纳的电费，并做好收费公示工作。

转供电用户可以选择上述两种方式中的一种收取电费，但向转供电用户收取的电费总和应不超过向电网企业交纳的电费，确保国家和省已出台的政策全部传导到终端用户。如选择采用"公平分摊方式"，应将分摊电量和电费情况进行按期公示（原则上应与电网企业收费周期一致）。

对于具备改造为"一户一表"条件的转供电用户，可由转供电主体申请实现直接供电。

（四）配合清理转供电加价政策具体要求

根据《省发展改革委关于降低一般工商业电价有关事项的通知》（苏发改工价发〔2019〕396号）文件要求，江苏省转供电主体自2019年5月1日起应当按照以下两种收费方式中的一种收取电费：

（1）进入电力市场购电或由电网企业代理购电的转供电主体，应当按照市场交易到户电价（或电网企业代理购电的到户电价）向终端用户收取电费，变压器和线路损耗通过租金、物业费、水电公摊等协商解决。

（2）进入电力市场购电或由电网企业代理购电的转供电主体，按照市场化交易到户电价（或电网企业代理购电的到户电价）顺加不超过10%的变压器和线路损耗每月（定期）向终端用户进行预收电费，年底（定期）按照实际损耗多退少补，并予以公示。共用设施设备运行产生的电费及公共照明等费用，转供电主体应单独列账，按照物业服务合同约定的方式由全体业主分摊。转供电主体应当定期公布实际费用和分摊情况。分摊费用已计入物业服务费成本的，不得重复收取。共用电力设施设备日常维护保养费用、电工工资性支出、物业办公用电、停车场用电等应纳入物业服务费、租金、停车管理费等开支范围，不得通过收取用电服务费名义向终端用户重复收费。

如转供电主体收费符合国家规定，则不需要整改。

对于具备改造为"一户一表"条件的转供电用户，经转供电主体、转供电用户各方达成一致，可由转供电主体申请实现直接供电，并按照现行电价政策结算。

三、供电公司如何开展转供电加价清理工作

（1）供电企业可主动配合政府主管部门清理规范转供电环节不合理加价行为，与各级发改委、市场监督局联合发布《转供电收费政策告知书》。

（2）供电企业可通过营业厅、微信公众号等多种渠道广泛宣传优惠电价及转供电收费政策，充分利用供电营业厅业务办理和交费开票人流量大的优势，在各级营业厅醒目位置放置优惠电价、转供电收费政策宣传专栏及转供电费码操作指南，利用展示大屏滚动播放进行宣传。

（3）供电企业可组织进行一线营业窗口和现场工作人员转供电政策内部培训，确保其熟练掌握政策内容，准确答复用户咨询。

（4）供电企业可通过与用户接触的各种渠道积极开展电价优惠及转供电收费政策的宣传告知工作，及时传导电价优惠红利。组织人员对大型商业综合体、批发市场等转供电主体上门送达《转供电收费政策告知书》；通过挂号信形式向大中型转供电主体邮寄告知函；通过短信形式向转供电主体发送政策提醒。

（5）供电企业可充分发挥电力大数据优势，完成"网上国网"手机软件转供电费码推广绑定，实现违规转供电加价线索的准确快速收集与移交，协助各级价格监管部门进一步理顺转供电主体与终端用户之间的收费关系。

（6）鼓励转供电终端用户定期上报主体收费情况，实现转供电收费数据常态化收集和管控。

第七节　峰谷分时电价政策

实行峰谷分时电价，就是在不提高电价总水平的前提下，将用电高峰时期的电价提高、低谷时期的电价降低，通过价格杠杆，鼓励用户少用高峰电、多用低谷电，缓解峰期用电紧张局面，以提高电网负荷率、减少资源浪费，保证电网安全稳定运行。

一、季节性尖峰电价

近年来，全国电力消耗量逐年增高，时段性电力紧缺逐渐成为常态，一般在夏、冬两季出现峰中之尖，给全网电力平衡带来了巨大的挑战。下面以江苏省为例，对因此导致的季节性尖峰电价进行说明。

根据《关于江苏省实施季节性尖峰电价有关问题的复函》（发改价格〔2015〕1028号），江苏省自2015年起实施了季节性尖峰电价政策，丰富电网调节手段，充分运用价格杠杆，引导电力用户主动参与削峰填谷，对缓解电网运行压力、保障工业生产、优化能源配置具有十分重要的作用。

（一）季节性尖峰电价实施原因

实施季节性尖峰电价是江苏省电力公司积极配合价格主管部门推进销售电价改革和电力需求侧管理的重要举措，将有利于进一步发挥价格杠杆和市场机制作用，合理引导企业生产用电，更好地调节电力供需，削峰填谷，提升整体电力系统效能，实现资源的优化配置和社会、经济效益的统筹协调。

（二）季节性尖峰电价适用范围

根据《关于进一步完善分时电价机制有关事项的通知》（苏发改价格发〔2021〕1327号），为确保能源稳定供应，保障电网运行安全，充分发挥市场机制作用，引导电力用户主动避峰，提升整体电力系统效能，促进经济平稳运行，自2022年1月1日起，对315kV·A及以上的大工业用电实施夏、冬两季尖峰电价。

对全省315kV·A及以上原先执行分时的大工业用户执行尖峰电价，原先未执行分时电价的大工业用户（如自来水厂、电气化铁路等）不执行尖峰电价。

（三）季节性尖峰电价执行时间

根据《关于进一步完善分时电价机制有关事项的通知》（苏发改价格发〔2021〕1327号），2022年1月1日起，实施夏、冬两季尖峰电价。每年7~8月，日最高气温达到或超过35℃时，10:00~11:00和14:00~15:00，执行夏季尖峰电价，同时将17:00~18:00从峰期调整为平期；12月至次年1月，日最低气温达到或低于-3℃时，9:00~11:00

和 18:00～20:00，执行冬季尖峰电价。

（四）季节性尖峰分时电价实施条件

7、8 两月，日最高气温达到或超过 35℃时，执行夏季尖峰电价；12 月至次年 1 月，日最低气温达到或低于－3℃时，执行冬季尖峰电价。

注：夏季日最高气温、冬季日最低气温，均以中央电视台综合频道每晚 19 点《新闻联播》后天气预报发布的南京次日最高温度、最低温度为准，次日予以实施。

（五）季节性尖峰电价执行标准

根据《关于进一步完善分时电价机制有关事项的通知》（苏发改价格发〔2021〕1327 号），夏、冬两季尖峰电价统一以峰段电价为基础，上浮 20%。

实施尖峰电价多支出的电费实行专款专用管理，全部用于补贴需求响应临时性减少的高峰电力负荷，并保证尖峰电价增收资金和电力需求响应补贴支出之间的基本平衡。

（六）季节性尖峰时段划分

根据相关文件与政策要求，以及时间节点与当日气温实际情况，尖峰与非尖峰时段划分见表 4-4～表 4-6。

表 4-4　　　　7～8 月，35℃及以上执行尖峰电价日时段划分情况

峰	8:00～10:00	18:00～22:00	
平	11:00～14:00	15:00～18:00	22:00～24:00
谷	0:00～8:00		
尖峰	10:00～11:00	14:00～15:00	

表 4-5　　　12 月～次年 1 月，零下 3℃及以下执行尖峰电价日时段划分情况

峰	8:00～9:00	17:00～18:00	20:00～22:00
平	11:00～17:00	22:00～24:00	
谷	0:00～8:00		
尖峰	9:00～11:00	18:00～20:00	

表 4-6　　　　1～12 月非执行尖峰时段日时段划分情况

峰	8:00～11:00	17:00～22:00
平	11:00～17:00	22:00～24:00
谷	0:00～8:00	

如江苏省某大工业用户安装灵活费率电能表。在 2022 年 7 月 24 日和 7 月 25 日，

中央电视台综合频道 19:00《新闻联播》后天气预报发布的南京市 7 月 25 日和 7 月 26 日最高气温分别为 35℃和 34℃。根据相关文件，2022 年 7 月 25 日气温达到执行尖峰电价的 35℃，该用户在 7 月 25 日当日按 7～8 月温度达到或超过 35℃执行尖峰电价的时段执行；7 月 26 日当日按 1～12 月非执行尖峰时段日的时段执行。

二、灵活费率表

近年来，江苏省进一步完善分时电价政策，实施季节性尖峰电价。随着电力市场化改革纵深推进，电力中长期交易不断完善，已经开始逐步向短期交易甚至实时交易扩展。而传统的多费率电能表按照统一的分时电价固定时段执行，无法实现不同计费时段的快速灵活切换，难以满足尖峰电价政策以及中长期、现货交易对月度、小时甚至 15min 电价的实施要求。

为积极落实政府电价政策改革，提升电能计量装置分时段计量能力，灵活费率电能表以高频度存储替代传统的电能表时段费率存储，可实现每 15min 采集数据，能够满足月度、小时甚至 15min 电价的实施要求，高效支撑动态的费率时段调整。

（一）灵活费率电能表工作原理

灵活费率新型智能电能表，去除尖、峰、平、谷等费率信息，增加高密度的电能量存储能力，达到电能表"只计量不分时"的目标。每隔 15min 冻结一次示数，使计量颗粒度更加精细，可根据电价政策灵活配置费率时段，计算并发布电表多费率电量，以实现对电价政策调整的快速响应。具体如下：

（1）每 15min 冻结存储用于结算的电能数据。

（2）断码式液晶显示上 7 天 24 个整点时刻正反有功电能及时间。

（3）增加停电时段冻结点电能补冻机制，即电能表发生掉电时，补齐掉电时刻下一个 15min 冻结点数据及上电时刻前一个 15min 冻结点数据。

（二）灵活费率电能表结算注意事项

灵活费率表示数项为正向有功总，正向无功总，反向无功总，反向有功总，需量（总）。用户的尖峰平谷电量是根据执行的分时时段由正向有功总计算所得，故要确保总电量与各时段电量一致，需确保灵活费率电能表装拆时间与现场装表用电时间一致。

计量装置故障处理、计量设备更换等工单中，灵活费率电能表新表装表时间与现场装表时间不一致，会导致灵活费率电能表在结算时总电量与各时段电量不一致，漏结算电量。故电费核算员在结算中遇到灵活费率电能表结算时总电量与各时段电量不一致的情况时，需考虑是否为灵活费率电能表工单内装拆时间和现场表计安装用电时间不一致导致。

第八节　电力现货交易

一、电力现货市场和电力现货交易

电是一种能源，也是一种商品，既然是商品自然可以在市场中进行自由交易。但与普通商品相比，电力这个商品至少有五个方面与众不同：看不见、摸不着；不能大量储存；生产与消费同时完成；依靠专有的输电网络以光速"运输"；需要通过调度中心执行交易结果，所以电的交易方式与一般商品也略有不同。

由于电力商品生产、流通及消费几乎是瞬间同时完成的，不能大量存储，电力供需必须保持实时平衡。为了确保供电安全，需要调度机构精准管控，因此在电力市场交易中，根据买家提前下单的时间长短，可分为中长期市场和现货市场等。用户可以根据实际情况来调整自己的购买策略。如果中长期市场签约的电量不能被满足时，就需要通过现货市场对实际用电需求进行补充。如果中长期市场的电量有剩余时，则可通过现货市场进行销售。

电力现货市场主要包括日前、日内和实时的电能量与备用等辅助服务交易市场，现货市场、中长期直接交易市场和期货电力衍生品市场构成现代电力市场体系。在我国，现货交易作为市场电力电量平衡机制的补充部分，发挥了发现价格、完善交易品种、形成充分竞争的作用。

日前市场是现货市场的主要交易平台，提前一天时间确定次日机组的开机组合发电功率，调节所需发用电曲线和中长期合同的偏差，基本实现次日电力电量的平衡，并且满足电网安全约束条件。日内市场指市场主体提供在日前市场关闭后对发用电计划进行微调的交易平台，以应对出现的各种预测偏差和非计划状况。

实时市场指在小时前组织实时，接近系统的实时运行情况，真实反映系统超短期的资源稀缺程度与系统堵塞程度，实现电力实时平衡和电网安全运行。

电力商品与一般商品一样，在不同时间、不同地理位置会产生不同的价格成本。电力现货市场因交易和交付的间隔时间较短，价格会随时间波动，因此在我国试点建设的电力现货市场中，电力日前市场以 15min 为一个交易时段，每天 96 个时段；日内市场每个交易时段为 15～60min；实时市场以交割时点前 1h 的电能交易为准。发电侧采用节点电价，用户侧采用统一加权平均电价，通过电能量市场与辅助服务市场联合出清。

在电力市场中，中长期电力交易价格以现货市场电价为基础，通过对历年现货价格的评估，以及未来可能影响成本等因素的预测，双方谈拢一个认可的价格。

与众多商品一样，电力市场可分为批发和零售两大类。在批发市场中，电力市场交易有双边协商交易、集中竞价交易、挂牌交易等方式。在零售市场中，有固定回报模式、市场联动模式、"固定回报＋市场联动"模式、固定价格模式等交易方式。

二、电力现货交易结算原则

根据《江苏省电力现货市场运营规则》，相关电力现货交易结算原则如下：

（1）现货市场每 15min 为一个计量、结算时段，以日为周期发布现货部分电量、电费计算结果，以月度为周期发布正式结算依据，以月度为周期开展电费结算。电网企业和市场主体按照合约或法律法规的规定，及时足额结算电费及相关费用。加强省间市场与省内现货市场衔接。

（2）省内市场主体参与省间现货部分的费用结算，根据《国家发展改革委办公厅　国家能源局综合司关于国家电网有限公司省间电力现货交易规则的复函》（发改办体改〔2021〕837 号）执行。省内市场主体参与华东调峰辅助服务市场、华东备用辅助服务市场的费用结算，根据《关于修订印发〈华东电力调峰辅助服务市场运营规则〉的通知》（华东监能市场〔2022〕7 号）、《关于印发〈华东电网备用辅助服务市场运营规则（试行）〉的通知》（华东监能市场〔2020〕154 号）执行。

（3）中长期合约全电量结算，日前市场出清电量与中长期合同等的偏差电量按照日前市场分区电价进行结算，实际上网电量或用电量与日前市场出清电量等的偏差电量按照实时市场分区电价进行结算。

（4）加强现货价格体系和分时电价政策、中长期价格体系衔接，保障不同市场主体公平参与现货电能量市场竞争，有效防范不合理的跨市场品种投机套利。相关衔接机制，应事先向市场主体公布。

参 考 文 献

[1] 王琛磷. 客户投诉心理分析与应对技巧. 深圳：海天出版社，2007.

[2] 刘尧坤. 顾客投诉管理与处置技巧. 广州：广东经济出版社，2005.